LES

POLITIQUES

DU XVIe SIÈCLE

ET

Les Centres de notre époque

PAR C. C***

> Il est impossible de concevoir des hommes qui veulent se sauver, et qui font évidemment ce qui les perdra.
>
> CHATEAUBRIAND.

> Tout pouvoir qui transige avec les idées en révolte est un pouvoir perdu ; la société paraît encore se tenir debout, mais elle chancelle et n'attend plus qu'un souffle de la tempête pour tomber dans une boue ensanglantée.
>
> D. MAISTRE.

PRIX : 1 FR. 50

EN VENTE

A Lyon, chez JOSSERAND, libraire, place Bellecour, 3

ET CHEZ LES PRINCIPAUX LIBRAIRES.

1875

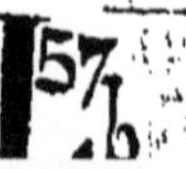

LES

POLITIQUES DU XVIe SIÈCLE

ET LES CENTRES DE NOTRE ÉPOQUE

SAINT-ÉTIENNE, IMP. FORESTIER.

LES

POLITIQUES

DU XVIe SIÈCLE

ET

Les Centres de notre époque

PAR C. C***

> Il est impossible de concevoir des hommes qui veulent se sauver, et qui font évidemment ce qui les perdra.
>
> CHATEAUBRIAND.

> Tout pouvoir qui transige avec les idées en révolte est un pouvoir perdu; la société paraît encore se tenir debout, mais elle chancelle et n'attend plus qu'un souffle de la tempête pour tomber dans une boue ensanglantée.
>
> D. MAISTRE.

PRIX : 1 FR. 50

EN VENTE

A Lyon, chez Josserand, libraire, place Bellecour, 3

ET CHEZ LES PRINCIPAUX LIBRAIRES.

1875

PRÉFACE

> Il est impossible de concevoir des hommes qui veulent se sauver, et qui font évidemment ce qui les perdra.
>
> CHATEAUBRIAND.

> Tout pouvoir qui transige avec les idées en révolte est un pouvoir perdu ; la société paraît encore se tenir debout, mais elle chancelle et n'attend plus qu'un souffle de la tempête pour tomber dans une boue ensanglantée.
>
> D. MAISTRE.

Depuis longtemps, et chaque jour encore, nous nous demandons, avec nous le public éclairé se demande à lui-même, quel peut être le but raisonnable que se proposent, dans l'Assemblée nationale, le centre droit d'une part et, de l'autre, le centre gauche. Pour découvrir ce but, dont l'énigme est encore inconnue, nous cherchons les principes religieux et politiques de ces hommes auxquels nous avons confié la mission de rétablir la France sur le trône d'où elle dominait naguère l'Europe. Il faut bien le dire, nos recherches jusqu'ici ont été vaines ; ce qu'ils veulent, qui le sait ? le savent-ils eux-mêmes ? quels sont les principes sérieusement et irrévocablement admis par leur conscience ? Les uns se disent républicains et, redoutant la république, lui demandent humblement un chemin de fleurs pour arriver à un lit de roses, sachant bien qu'ils n'ont à attendre de ce gouvernement que de sanglantes épines ; hommes de la peur, ils font à tous les partis des concessions que chaque parti dédaigne et que renie la République.

Les autres se disent monarchistes ; mais avant de faire un pas du côté du roi et de lui rendre de publics hommages, ils jettent les yeux autour d'eux, leurs oreilles sont ouvertes aux plus légers bruits ; derrière leur siége de législateur se fait à peine entendre un murmure : l'avenir est perdu s'ils osent parler de monarchie et de monarque ! Le roi peut passer, ils ne le salueront pas ; il leur sera plus facile de sourire piteusement à la République, comme le centre gauche avait fait de maladroites courbettes à la monarchie. Les uns ne sont pas républicains, les autres ne sont pas monarchistes. Que sont-ils pour la France ? Rien, sinon de beaux diseurs qui se cachent, qui raisonnent beaucoup et ne savent jamais conclure que par des votes peureux et tremblants :

Ibant obscuri solâ sub nocte per umbram.

Ce qu'ils sont en politique, ils le sont en religion : sont-ils catholiques, protestants ou israélites ? Ils sont tout cela et rien de tout cela ; tous ou à peu près tous se disent catholiques ; mais quand il s'agit de défendre la Foi de leur mère, ils sont muets ; la calomnie traîne impunément dans la boue ce qu'ils disent aimer et adorer ; ce n'est pas le martyr que ces hommes là redoutent, c'est le sourire d'un imbécile ! Le catholicisme alors n'est plus de notre siècle : il faut faire des concessions au progrès, c'est-à-dire que, pour conserver sa tête et sa fortune, il faut retrancher quelque chose de la divinité. Faisons un pacte avec l'iniquité, disent-ils secrètement, afin que la vérité, moins exigeante, transige avec l'erreur.

En politique, vous n'êtes ni républicains ni monarchistes ; en religion, vous n'êtes pas catholiques ; vous n'avez foi en rien. Où donc voulez-vous aller, vous qui prétendez être les restaurateurs de la morale publique ?

A la paix, dites-vous ; mais le néant a-t-il jamais su créér quelque chose ? Hors l'esprit de vie tout se désagrège et tout périt misérablement, au triomphe de vos convictions. Mais vous n'en n'avez pas : la perspective de votre bonheur personnel, plus ou moins éphémère, plus ou moins assuré, vous suffit pour transiger avec des principes que vous rejetez. Vous voulez vous sauver et vous vous perdez. Encore s'il ne s'agissait que de vous ! On peut disposer de soi, on peut se perdre si on le juge convenable, mais on ne doit jamais compromettre son pays. C'est précisément à cettre désastreuse conclusion que vous arriverez d'une manière inévitable.

Une étude sérieusement réfléchie de l'histoire des hommes d'Etat m'a amené à découvrir, comme une évidente vérité, que les transactions sociales en matière de principes ont toujours eu d'affligeantes conséquences, et que les hommes capables d'immoler leurs plus intimes sentiments ont toujours perdu les sociétés.

Si, regardant le XVIe siècle, je m'arrête aux règnes de Henri II, de Charles IX et de Henri III, je trouve des politiques comme L'Hospital, Séguier, Montmorency, etc., catholiques et royalistes dont les continuelles transactions ont engendré les plus longues et les plus cruelles guerres civiles. Les hommes de transaction n'ont-ils pas aidé à construire l'échafaud de Louis XVI, à démolir le trône de Charles X ? Qui a prêté la main à la chute de Louis-Philippe ? Qui donc a jusqu'ici empêché le trône de la vieille royauté française de se relever parmi nous ? Les politiques d'abord, puis les centres, tous raisonneurs sans convictions et trafiquants des trésors de la vérité au profit d'un sommeil d'abord tranquille, puis troublé par d'épouvantables cauchemards.

Il me suffira, je l'espère, de quelques détails historiques sur les hommes dits *Politiques* du XVIe siècle et sur ceux de notre époque, nommés Centre gauche et Centre droit, pour établir d'une manière palpable que, la conduite des uns et des autres étant la même, il est hors de doute que les hommes de notre époque conduisent la société aux mêmes catastrophes que celles où les *Politiques* ont un jour précipité la société du XVIe siècle.

LES POLITIQUES

DU XVIe SIÈCLE

ET

LES CENTRES DE NOTRE ÉPOQUE

Par C. C***

CHAPITRE PREMIER

—

HENRI II.

> Il est de l'essence de tout tiers-parti de ne rien oser dès que le pouvoir se montre armé d'énergie.
>
> CAPEFIGUE.

> Lorsque la vérité se laisse discuter par les passions d'une aveugle démagogie, les honnêtes gens n'ont plus qu'à gémir en attendant les larmes qui bientôt leur seront arrachées du cœur par le plus cruel despotisme.
>
> DE BONALD.

Les courtes études que j'offre au public ne visent pas le protestantisme sous le rapport religieux. Dans les perturbations sociales du XVIe siècle, je ne vois et ne veux voir que le côté politique ; car lui seul, à mon sens, dominait la situation et entraînait les hommes. Ainsi, les guerres étaient des guerres civiles, les persécutions n'étaient que la répression des perturbateurs de l'ordre social légalement établi ; les séditions, fréquemment soulevées dans certaines provinces, n'étaient que les passions d'une infime minorité irritée contre la volonté du suffrage universel ; l'appel aux troupes étrangères n'était autre chose que la révolte de quelques princes ou seigneurs traîtres à la patrie. Pour moi, les princes d'Alençon, de Bouillon, de Béarn et de Condé, les seigneurs de Montmorency, d'Epernon, de Coligny, etc., etc., ne sont pas des protestants en guerre contre l'Etat pour en obtenir le droit d'être huguenots, mais des mécontents ayant regret de leur ancienne puissance indépendante du pouvoir royal, désireux de retrouver les gantelets de fer dont ils écrasaient si fort les vilains et les manants. Pour eux, le nom de huguenots était un moyen de se faire des alliés, de soulever les passions en parlant d'une liberté qu'ils n'avaient ni le pouvoir ni l'intention d'accorder. On se donnait les apparences d'un bon citoyen quand on se donnait pour persécutés alors que l'on foulait aux pieds les lois de son pays et la volonté nationale.

Que trouvait-on entre la nation entière et une poignée d'insolents prévaricateurs ? On trouvait des conseillers de la couronne jouant, dès lors, le rôle des centres d'aujourd'hui, c'est-à-dire des hommes croyant de bonne foi servir la France en intervenant sans cesse avec une modération qui, selon eux, devait tout sauver, et qui devait tout perdre. En conseillant des transactions au profit des révoltés, ils augmentaient la force de la minorité turbulente ; celle-ci, toujours plus exigeante, réussit à froisser la nation, qui finit par se ruer sur ses ennemis intérieurs soutenus par les Allemands, les Anglais et les Suisses, appelés à envahir la France. Si la patrie, au XVIe siècle, a été livrée aux pillages et aux massacres, si catholiques et huguenots ont eu tant de sang à répandre, il faut en demander compte à la révolte de quelques seigneurs ambitieux et à l'aveugle faiblesse des conseillers du tiers-parti.

Cette partie du peuple qui courait après le prêche, croyait courir après la liberté quand, à travers des calamités inouïes, elle ne devait rencontrer que la servitude : l'autorité de la loi, sagement comprise et respectée, pouvait seule lui donner le bien que des tribuns factieux lui promettaient dérisoirement.

A côté de ces hommes criminellement armés, et à leur suite il s'en trouvait d'autres aux douces paroles, voulant à tout prix acheter la concorde et établir la paix. Seulement, ils ne craignaient pas de payer cette paix avec le sang de la nation, ne dût-elle avoir qu'une durée de quelques jours, pourvu qu'ils en eussent tout l'honneur et tout le profit.

Tous ces sages rêveurs n'avaient malheureusement aucune peine à faire admettre leurs déplorables idées. Henri II, naturellement enclin à la plus excessive modération, y était encore encouragé par Catherine de Médicis, sa mère. Cette princesse, aux prises avec les nécessités de son temps, en face des partis armés, cherchait avec la plus grande sollicitude à amener des trêves ou des transactions : vouée de cœur et d'âme au parti modéré, elle obéissait à la loi du plus fort quand elle ne pouvait pas la tourner. Devant elle ou autour d'elle se trouvaient les catholiques résolus à défendre énergiquement la foi nationale et la couronne royale. A leur tête, et le plus héroïque de toute la chevalerie française, était le duc de Guise dont le brillant souvenir ne s'éteindra jamais. Ce parti se nommerait aujourd'hui l'extrême droite. Quel en serait le chef? Où serait le Guise?

A côté de ces hommes résolus, mais au dessous d'eux, on trouvait Anne de Montmorency, connétable de France ; catholique, il est vrai, mais d'un dévoûment que ses liens de parenté avec les Châtillon rendirent longtemps variable. Marchant de pair avec eux, leur donnant la main, suivait fièrement les Châtillon, les Coligny, les Dandelot, etc., etc., récemment jetés dans le hugotisme un peu par ambition, beaucoup par jalousie pour les Guise. A la suite de cette haute noblesse, une foule de gentilshommes se montraient toujours disposés à croiser l'épée ou la lance, entraînés qu'ils étaient à flatter les hauts et puissants barons dont ils étaient les plus humbles esclaves.

En deça de cette petite noblesse, portant si fièrement son humble et volontaire servitude, on entendait quelquefois s'agiter les marchands, les métiers, les halles, le peuple, enfin, fidèle à ses convictions et jaloux de conserver en même temps ses vieilles libertés municipales et les saintes croyances de ses pères.

Entre ces deux classes et comme intermédiaire, une autre classe s'était formée : la magistrature, les avocats et les savants raisonnaient, discutaient et votaient quand les autres se battaient. Ces braves messieurs créaient et inventaient des doctrines quand les passions étaient mugissantes. Sans le savoir, ils pactisaient avec la révolte, quand le peuple s'armait contre elle et, finalement, à force de raisonnements,de conciliation et de tergiversations, livraient la France à qui voulait la diviser et l'anéantir. En même temps qu'ils invitaient toute puissance à la révolte, ils abaissaient l'autorité royale en préparant des fers pour un peuple prêt à mourir pour sa liberté.

Ces hommes,capables de raisonner sur tout,incapables d'armer leur conscience de l'une de ces convictions qui sauvent l'honneur au prix de la vie, ces hommes étaient le Tiers-Parti, les *Politiques* alors, ce que nous appellerions aujourd'hui Centre droit ou Centre gauche. Les deux premières fractions formaient l'extrême droite et l'extrême gauche, deux partis agissant avec énergie pour leurs principes monarchiques ou républicains ; les autres, croyant à eux-mêmes et se dévouant à la peur.

Les Politiques n'admettaient pas toutes les doctrines calvinistes, mais ils voulaient leur faire des concessions ;

ils étaient, disaient-ils, ennemis de la révolte, mais il fallait s'entendre avec elle, ainsi le voulait la raison.

Henri II venait de conclure le traité de Cateau-Cambrésis avec le roi d'Espagne et lui avait accordé sa fille, la jeune Elisabeth.

Dans cette union entre deux familles catholiques, les révoltés crurent voir un grand danger et publièrent contre elle et contre l'autorité les plus violents pamphlets. La conséquence naturelle et forcée de ces coupables écrits fut un édit plein de sévérité contre leurs auteurs et même contre le parti politique. Le Parlement de Paris, auquel fut porté l'édit, comptait dans son sein quelques conseillers favorables aux nouvelles opinions; toutes les fois qu'il s'agissait de les condamner et de prêter secours au mouvement catholique, le concours du Parlement faisait défaut; la décision négative ou l'abstention des votes du Conseil rendait inutile la réunion du Conseil.

Irrité de l'opposition constante d'une minorité hostile ou du moins compromettante, Henri II tint un Conseil secret à Saint-Germain, et, dans cette réunion, le premier président du Parlement, Gilles le Maître, les présidents Jean de Saint-André et Antoine Ménard, le procureur général Gilles Bourdin, chefs de la majorité, exposèrent que la rébellion s'étendait chaque jour dans le royaume et que l'autorité royale devenait incertaine ; qu'il n'y avait plus d'obéissance, qu'il fallait donc frapper un bon coup si l'on ne voulait tomber en une espèce de République comme les Etats suisses.

La minorité du Parlement, composée des Politiques, prétendit, sous différents prétextes, qu'il fallait ajourner l'exécution de l'édit et laisser aux révoltés la liberté d'agir à leur gré. Cet avis, émis avec une singulière violence, faisant craindre pour la sûreté des Membres de la majorité, le Conseil prit une nouvelle résolution plus sévère que la première; le roi vint au Parlement, le 13 juin, et s'écria : « La paix est conclue avec l'Espagne ; mais à l'occasion des guerres, des doctrines dangereuses pour la paix se sont introduites dans ce royaume, il faut les éteindre comme la guerre. »

La même minorité fit entendre les mêmes hardiesses : le parti Politique, selon son usage; se jeta dans de vagues digressions et se borna à soulever des questions accidentelles ; la majorité, voulant en finir avec toutes ces tergiversations, se décida à tout brusquer par un coup d'Etat. Anne Dubourg et Dufaure furent enlevés ; les partisans et les soutiens de la révolte écrivirent des pamphlets clandestins et les Politiques se décidèrent à donner raison au gouvernement ; Pasquier, l'un des plus remarquables du Tiers-Parti, approuva lui-même ce qui s'était passé au Parlement : « Le roi, dit-il, y fut esmu d'une grande et juste colère. »

Ainsi, le mariage d'Elisabeth avec Philippe II rétablit la paix avec l'Espagne. Cette paix déplaît aux intrigants en révolte et ils injurient le roi ; celui-ci se permet d'être mécontent et prend des mesures contre les rebelles ; les royalistes du Centre se rallient à eux contre le roi. Il en résulte que Dubourg, l'instigateur de tous ces désordres, est condamné à mort par le Parlement et que le président Ménard est égorgé par les rebelles, les protégés du Centre.

Tout ne devait pas se borner à ce crime : la honteuse protection dont il jouissait, autorisa ce malheureux parti à écrire à Genève, à envoyer des députés à Elisabeth d'Angleterre et aux princes allemands, pour les inviter à se jeter sur la France. Dans leurs pamphlets, ils attaquent l'autorité des Conseils de la couronne et appellent les Etats Généraux à délibérer sur la succession au trône ; question politique, disaient-ils, que les peuples seuls étaient appelés à résoudre.

Le peuple avait bien souvent déjà décidé cette question, sans que sa décision eût été respectée. On attendait, pour s'y soumettre, qu'une nouvelle décision eut renversé le trône et couronné quelque perturbateur de l'ordre public.

Après avoir envoyé ses instructions, Genève pensait imposer à la France la division des cantons suisses ; Elisabeth d'Angleterre faisait ses préparatifs pour mettre la couronne sur la tête de Condé, devenu le chef des révoltés. Ce prince acceptait cette forfaiture et, sous le nom de Louis XIII, il devait exciter à la guerre civile toute la gentilhommerie déjà armée contre le roi.

Tous ces braves royalistes en révolte, protégés par le Tiers-Parti, dont les incroyables tergiversations avaient enfanté ces orages, se réunirent secrètement à la Ferté, sous la présidence de Condé-*Louis XIII* ; Coligny leur promit les secours de l'Angleterre. On délibéra sur le projet de changer la France en provinces unies, et puis l'on convint qu'il était nécessaire *de commencer par se débarrasser de la famille royale !*

Les Politiques royalistes se cachaient dans l'ombre. *Ibant obscuri solâ sub nocte per umbram.*

Ces projets ainsi fixés, il ne s'agissait que de trouver le chef et de régler les moyens d'exécution : l'Assemblée étant présidée par Condé et Coligny, rien n'était plus simple que de leur déférer la conduite de leurs *braves* compagnons ; mais ceux-ci firent observer qu'il valait mieux en charger un huguenot obscur, exempt d'ambition, afin que le mouvement eût tout-à-fait le caractère d'une entreprise populaire et de bien public.

C'est ainsi que la noblesse huguenote refusa de reconnaître Condé et Coligny pour chefs de la conspiration. D'une part, leur ambition était connue et redoutée ; d'autre part, il fallait donner au crime projeté l'apparence du bien public. Nous verrons que, parmi les chefs de ce parti conspirateur, il ne se trouva aucun coupable.

On choisit un gentilhomme du Périgord, nommé La Renaudie, tout dévoué au prince de Condé, prêt à porter sa tête sur l'échafaud, à la place de celle du maître; hardi batailleur, mécontent de son obscurité, réfugié à Genève où il avait renié la foi de ses pères, il était le digne héros d'une entreprise dont les véritables chefs déclinaient la responsabilité.

La Renaudie se rendit en Angleterre, déroula à la reine le projet de la conjuration, et voici ce qui fut arrêté entre le pauvre gentilhomme et la royale Elisabeth : les conjurés se réuniraient autour de Blois, alors résidence de la cour : on pénétrerait dans la ville de gré ou de force pour *présenter requête*, enlever les Guise, la reine-mère, le roi lui-même, et substituer immédiatement l'autorité des princes pour décider ensuite la forme d'administration.

Ce complot allait éclater lorsque la Providence permit qu'il fut dénoncé au gouvernement par Pierre des Avenelles, avocat chez qui était descendu La Renaudie. Des Avenelles appartenait au parti des Politiques, il était donc royaliste. Comment La Renaudie, exécuteur des hautes-œuvres prescrites par la reine d'Angleterre et par les révoltés de France, confia-t-il à un royaliste son épouvantable secret ? Voici comment ce fait est expliqué : La Renaudie était à Paris pour se concerter avec le ministre Chandieu, le plus intime correspondant de Calvin et de Bèze, sur la nécessité d'entraîner le parti politique, afin de compléter la révolution décisive qu'on préparait. Le tiers-parti ne voulant pas s'engager si avant, des Avenelles dénonça le projet au seigneur de Vouzay, maître des requêtes, dont le dévouement à la cause catholique et royale était à toute épreuve. On connut de cette manière le complot dans tous ses détails.

Le Conseil du roi se demanda si la conjuration allait aboutir aux princes du sang, à Coligny et aux Châtillon ? Il nous suffit de savoir qu'à force de modération, dans les circonstances qui demandaient la plus grande énergie, les Politiques si dévoués au roi avaient mérité tout l'espoir et toute la confiance des conspirateurs.

Quoiqu'il en soit, le duc de Guise, prévenu assez tôt, fit échouer le complot d'Amboise, et le royaume, grâce à son habileté, fut préservé de la guerre civile et du pillage des Anglais.

Des révélations très-compromettantes pour le prince de Condé et pour Coligny arrivèrent au gouvernement. Ils firent toutes sortes de démonstrations pour se disculper. Condé, qui avait été le premier mobile du complot, déclara que, si quelqu'un était assez hardi pour soutenir qu'il avait tenté de révolter les Français contre le roi et qu'il était l'auteur de la conspiration, il le combattrait à outrance.

Ces lâchetés de conspirateurs le sauvèrent pour le moment; mais ils laissèrent la justice condamner à mort et exécuter les coupables de moindre importance. Pareille chose se voit dans toutes les séditions, sans que jamais l'expérience serve de leçon aux malheureuses victimes jetées en avant par des ambitieux qui fuient et se cachent au moment du danger.

Ajoutons, pour en finir avec le complot d'Amboise, que la reine d'Angleterre l'avait encouragé, pour se venger de la perte de Calais que Guise rendit à la France, le 8 janvier 1558.

Elisabeth n'a jamais pu nous pardonner ce qu'elle appelait la perte *de son Calais*. Ce n'était pas la douleur qui lui faisait verser ses amères larmes, c'était l'orgueil humilié par Guise son vainqueur. L'orgueil britannique a réclamé la vengeance et la vengeance s'est associée à toutes les perfidies, à toutes les trahisons, mères de toutes les misères qui ont si souvent désolé notre chère et pauvre France tant aimée !

Justice n'était pas faite des traîtres, qu'à Paris la minorité, toujours prête à la révolte, réclamait encore la convocation des Etats-Généraux, comme instrument de trouble. Le chancelier Olivier l'avait toujours refusée ; mais il venait de mourir, et Catherine de Médicis, imbue de ses idées incertaines, fit porter à sa place Michel de L'Hospital, l'un des hommes les plus dévoués au parti des Politiques. Il se dévoua, dans le principe, comme Olivier son protecteur, à la cause monarchique, puis il se mit à la suite de tous les événements pour donner à tous des éloges. C'était un caractère timide et faible, tremblant devant les partis extrêmes, toujours porté aux termes moyens, faisant des concessions aux circonstances et ne sachant pas les heurter de front pour les combattre ; courtisan habile, laudateur du pouvoir, signant l'édit de Romorantin contre les séditieux et déclamant peu après contre les convictions les plus populaires, type enfin du tiers-parti qu'il représentait, car le défaut de cette école fut surtout de ne savoir que gémir et se plaindre des maux de l'Etat, sans chercher fortement et efficacement à les arrêter.

Pour faire un contre-poids à toutes ces pitoyables faiblesses, le duc de Guise chercha à introduire l'inquisition, comme la force de surveillance la plus efficace ; le Tiers-Parti la repoussait, parce qu'il craignait que cette institution devînt nuisible à son propre pouvoir. On a dit que l'opposition des Politiques avait pour motif la grande sévérité de ce tribunal ; ceci est une erreur : le tiers-parti était guidé par ces deux considérations : 1° Par jalousie, parce qu'il ne voulait rien perdre de son influence dans le Conseil ; 2° Par frayeur, ne voulant rien risquer avec une conscience toujours vacillante entre les partis les plus opposés.

Les trois ordres furent enfin réunis à Fontainebleau : Coligny présenta au roi une pétition dite des *Huguenots de Normandie*. Cette pièce était anonyme, et, pour lui donner quelque prix, on eut soin de l'accompagner des plus séditieux pamphlets.

Le Tiers-Parti, selon son habitude, prêcha la concorde en termes capables d'irriter les meilleurs esprits et, avec eux, toute la majorité. Le duc de Guise éclata, les Politiques triomphèrent et il fut dit que les Etats seraient réunis à Meaux.

Encouragés par l'appui des Politiques, les séditieux ourdirent une nouvelle conspiration et s'organisèrent comme s'il n'y avait eu ni paix, ni trève. Tous les mécontents étaient leurs prosélytes. Le projet entier de l'insurrection, trouvé sur un agent secret du roi de Navarre, était très-vaste : le prince de Condé devait se rendre maître de Poitiers, Tours et Orléans. En même temps, le connétable de Montmorency s'assurerait de Paris, où son fils commandait les gens d'armes; Sénarpont livrait la Picardie, le duc d'Etampes la Bretagne, le comte de Tende la Provence; Lyon devait tomber entre les mains de François Maligny, de la maison de Ferrière, intime ami du roi de Navarre. Dans le Lyonnais, le Dauphiné, le Vivarais et jusque dans la Provence, les églises furent démolies, les statues brisées, le clergé massacré. Les châteaux qui bordent le Rhône étaient le refuge des chefs de ces bandits.

Qu'opposait le gouvernement à toutes ces infernales désolations ?

Le cardinal de Bourbon, avec sa croyance et ses convictions crédules du Tiers-Parti, encourageait le roi de Navarre et le prince de Condé en leur disant qu'ils n'avaient rien à craindre de la reine-mère.

Toutefois, prêtant l'oreille à ces funestes bruits qui arrivaient jusqu'à lui, le roi fit arrêter Condé, qui se trouvait à Orléans, cette bonne ville dont il avait formé le projet de s'emparer. Traduit en Parlement, il y fut condamné à mort, et puis quand la sentence fut écrite, les juges, qui appartenaient tous au Tiers-Parti, n'osèrent pas signer leur sentence ! Ils eurent peur ! Dans ces temps où les choses changeaient si vite, où les vainqueurs d'aujourd'hui devenaient les vaincus du lendemain, aucun de ces Politiques n'osa risquer son nom ; il ne leur fut pas difficile de reconnaître les criminels, mais la lâcheté jeta son voile sur leur conscience. Il n'en est pas moins vrai que, si la sentence eût été exécutée, comme elle devait l'être, les deux principaux chefs de la rébellion auraient disparu et, avec eux, la première cause des guerres civiles.

On n'en fit rien et il fallut boire le calice jusqu'à la lie. Catherine, entourée du parti des Politiques, dominée par la duchesse de Montpensier, qui leur appartenait, tenta ridiculement de faire un rapprochement avec le roi de Navarre, et, pendant que ce prince jouait avec la reine une hypocrite comédie, Condé continuait librement ses tentatives de sédition.

Le roi Henri II mourut le 6 décembre. Les Etats-Généraux furent transportés à Orléans, et nos malheurs prirent un nouvel et rapide accroissement.

CHAPITRE II

CHARLES IX. — RÉVOLTES. — CONSPIRATIONS. TIERS-PARTI. — SAINT-BARTHÉLEMY.

Que peuvent de fanatiques conspirateurs contre une nation insultée? Rien, sinon produire d'affreux massacres.

BOURK.

L'Assemblée de Fontainebleau n'avait produit aucun résultat. Les Etats d'Orléans, composés des mêmes éléments, ne furent d'aucune utilité. Comme à Fontainebleau, Catherine de Médicis et tous ses conseillers intimes appelèrent à eux le tiers-parti, toujours disposé à accepter les termes moyens, toujours indécis entre les opinions les plus opposées, se laissant néanmoins dominer par les avocats, docteurs *in utroque jure*.

En dehors de cette Assemblée d'une douteuse fidélité, murmuraient et s'irritaient les communes constamment dévouées aux vieux principes nationaux, mais lassées par les interminables tergiversations des députés conciliateurs à tout prix.

Les élections s'étaient opérées sous l'influence des partis du Centre : la harangue du chancelier de L'Hospital fut naturellement empreinte de son esprit : « Le Pape, di-« sait-il, ne veut pas le Concile ; avec la permission du « roi, le Concile aura lieu malgré le Pape... » L'orateur du Clergé fut interrompu par la violence de Coligny. Au milieu d'un trouble général, les Etats proclamèrent une amnistie entière en faveur des rebelles et donnèrent ainsi satisfaction complète à tous les assassins et pillards qui avaient ravagé les villes et les provinces les plus fidèles au roi, les plus dévouées aux principes conservateurs. Figurons-nous qu'après le siége de Paris notre Assemblée nationale s'est avisée de donner pleine amnistie aux incendiaires et aux assassins du parti de la Commune ! Quel nom aurions-nous donné à la modération de nos députés ? Ils n'eussent pas été considérés comme des modérés, mais comme des complices. Les hommes coupables de tant d'horreurs, si dérisoirement amnistiés, eussent-ils eu la générosité de s'arrêter dans la voie du sang ? Non certainement, le sang enivre quand on a contracté la sauvage habitude de le verser. L'amnistie insensée des Etats-Généraux d'Orléans obtint précisément cet inévitable résultat. Les plus imprudentes concessions ne pouvaient paraître suffisantes aux révoltés qu'à la condition que le parti opposé cesserait d'exister : Or, le parti opposé était la nation entière ! Toutes les mesures conciliatrices devaient donc échouer, puisqu'elles ne pouvaient rien concilier.

Ce fut à Meaux que les séditieux soulevèrent l'orage en insultant les hommes dévoués aux principes nationaux ; ceux-ci se jetèrent sur les perturbateurs, la troupe intervint et le sang fut répandu. Catherine intervint, et pour la vingtième fois essaya de parler de transaction. Cette folle condescendance ne put calmer des esprits depuis trop longtemps irrités : le bon peuple de Paris se jeta sur les perturbateurs et les halles devinrent menaçantes.

Au milieu de la colère de ceux-ci et des menaces de ceux-là, que faisaient les interminables raisonneurs du Tiers-Parti ? N'avaient-ils pas le triste courage de demander encore la réunion des Etats, où leur insignifiante faconde leur donnait l'espoir de triompher enfin de la volonté nationale ? Ils pouvaient la lasser et l'irriter, mais non la vaincre. Le Tiers-Parti, avec la conscience de sa faiblesse populaire, sentait qu'il avait une grande force à puiser dans les fréquentes convocations des trois États. De son côté, le chancelier de L'Hospital invoquait l'action de la noblesse provinciale, qu'il savait être portée à faire la guerre au peuple ; lui, ne cherchait pas à le lasser, il voulait l'effrayer : deux prétentions aussi peu honorables l'une que l'autre !

Une nouvelle Assemblée fut inutilement convoquée à Saint-Germain et produisit encore de vaines tentatives de pacification : le peuple se prit à penser que les Politiques le trahissaient et ses murmures devinrent des menaces.

Encore si les partis, si souvent révoltés et autant de fois pardonnés, avaient su apporter quelque modération dans les Assemblées où il s'agissait d'établir la paix ! Mais bien loin de là, ils ne profitaient de ces réunions que pour prodiguer les plus grossières injures à une majorité qui n'en pouvait plus d'impatience. Ce fut encore ce qui arriva au colloque de Poissy : par suite des outrages prodigués aux croyances nationales et aux arts dont la France avait le culte, le colloque cessa de se réunir et le Tiers-Parti resta seul en possession de discuter des propositions qu'il était seul à présenter. Par suite de cette singulière circonstance, le prince de Condé, naguère condamné à mort, entra dans le Conseil, où, réuni à L'Hospital et au roi de Navarre, il fit rendre en faveur des rebelles un édit de la plus étrange modération.

On se lasse vraiment de répéter si souvent les mêmes faits historiques, surtout quand ces faits sont de nature à faire mal au cœur ; mais enfin, il est bon de vaincre ses dégoûts les plus profonds, quand il s'agit d'établir d'une manière évidente que les hommes d'Etat du Tiers-Parti ne se sont pas lassés de nuire à la France, et que malheureusement pour elle, elle ne s'est pas lassée de les voir s'occuper de ses affaires.

Deux édits successifs leur avaient accordé les plus larges amnisties. Tout devait leur donner les plus complètes satisfactions, mais tout cela n'empêcha pas les séditieux de se soulever dans un grand nombre de provinces et de s'y livrer aux plus déplorables excès. Les chefs même de ces impitoyables bandes considéraient tout ce qui se passait comme un provisoire, une transition pour arriver à leur fin de souveraine domination. Tandis que de malheureuses provinces étaient impitoyablement livrées aux pillages et aux meurtres, tous les quartiers de Paris, agités par la terreur, se réunissaient pour se protéger contre les dévastations dont leurs maisons étaient menacées. Ce mouvement d'horreur qui soulevait les flots de toute la population de Paris était bien aussi, je pense, l'expression d'un sentiment national. Le devoir du Tiers-Parti était bien de laisser là, une fois pour toutes, leurs ridicules mesures conciliatrices n'aboutissant à rien, pour entrer enfin dans la voie où, la loi à la main, on se détermine à agir sérieusement au profit de la société en péril. Quand la nation était la proie de quelques hordes sauvages protégées par de lâches concessions, des hommes placés à sa tête, des législateurs sans principe lui parlaient de conciliation! Avec qui, s'il vous plaît, pouvait-on se concilier? Vit-on jamais les victimes fraterniser avec leurs bourreaux? Quand le principal auteur de toutes ces calamités écrivait de Genève au marquis de Poët : « Ne faites « faute de défaire le pays de ces zélés faquins..., pareils « monstres doivent être *estouffés*, comme fis ici en l'exé- « cution de Michel Servet. » L'Hospital et tous les modérés de toutes les Droites, de toutes les Gauches et de tous les Centres possibles avaient-ils bonne façon de dire bénignement au peuple : « Mes bons amis, ne bougez pas, restez paisibles, ce sont des amis qui viennent vous égorger, mais ne vous fâchez pas. »

D'un côté, les insurgés en appelaient toujours à l'Angleterre ; de l'autre, les Guises se réunissaient au peuple :

la classe ouvrière était pour eux ; Etienne Pasquier, L'Hospital étaient pour les insurgés, « esprits turbulents qui « attaquaient de paisibles habitants, bien qu'ils fussent « une faible minorité au milieu des *poures* idiots popu- « laires »

Admirez ce langage du Tiers-Parti : le peuple était composé de pauvres idiots ? Comme il y avait de quoi flatter la nation ! Tous ceux qui se défendaient contre les insurgés étaient de pauvres idiots ; tous ceux qui voulaient conserver leurs libertés et leurs croyances étaient de pauvres idiots. Mais ceux-là étaient des hommes intelligents qui en appelaient aux armes étrangères ! Que penseraient les démocrates de nos jours, si nos hommes politiques se permettaient de parler ainsi du peuple ?

Rien ne prouve mieux ce que pouvait être l'esprit de rébellion chez les princes que ce qui se passa, dans ce moment, entre le roi de Navarre et Philippe II, roi d'Espagne : Ce dernier fit dire au premier qu'il lui rendrait son royaume de Navarre, s'il voulait passer aux royalistes, « ou « bien l'équivalent en assiette de pays souverains, aussi « riches que plantureux. »

« Bien vous puis-je dire, s'écrie Pasquier, que en un instant on a vu et son visage et sa volonté s'être échangée à l'endroit des révoltés ; car il défendit à eux et à leurs chefs de se rendre au château, comme ils s'étaient donné loi et permission de ce faire. »

La religion et la liberté de conscience n'étaient donc pour rien dans toutes ces guerres ; il s'agissait pour les seigneurs de guerroyer contre le roi, afin de lui arracher, dans un moment de lassitude ou de faiblesse, quelques villes ou provinces de plus à tyranniser.

Effrayé de ce qu'il appelait la trahison du roi de Navarre, le prince de Condé s'adressa de nouveau à la reine d'Angleterre et aux princes allemands afin de former avec eux une ligue contre la France. La chose n'était pas difficile. Insurgés et royalistes étaient en armes, la guerre civile était en l'air, le moindre choc allait la faire éclater. ce fut à Vassy qu'elle éclata. Dans cette petite ville, le duc de Guise était chez lui ; insulté par une bande de révoltés, il se contenta de leur dire : « Cessez de nous troubler. Qui êtes vous, si ce n'est des rebelles à Dieu et à notre roi ? » A ces mots, le duc est frappé d'une pierre qui lui met la figure en sang, et ce sang est le prélude d'une guerre.

Cet état violent ne pouvait se prolonger plus longtemps : le duc de Guise, le connétable de Montmorency et le maréchal de Saint-André arrêtèrent entre eux un acte d'alliance et d'union pour la défense mutuelle ; le roi de Navarre s'y adjoignit et toutes les communes s'enrôlèrent sous le drapeau national.

Il va sans dire que Pasquier ne sait que blâmer cette union, dont le but, disait-il, était nuisible à la paix. Belle paix, en vérité, que celle qui permettait d'assassiner les habitants paisibles, jusques chez eux ! Pasquier blâma aussi Condé d'avoir quitté Paris où les séditieux, trouvaient sécurité en possédant la personne du roi dans leurs mains armées.

Ainsi, au gré des Politiques, Guise, Montmorency et Saint-André avaient tort de s'allier pour la défense des lois du pays ; Condé avait eu tort d'abandonner Paris, où les révoltés, maîtres du roi, trouvaient l'impunité avec le droit de piller et d'incendier ! Heureusement pour eux, les habitants de Paris n'étaient pas de son avis.

Les discours de ces singuliers royalistes achevèrent d'irriter les *idiots* de Paris et, pour leur donner satisfaction, le Parlement dut pourvoir à ce que la capitale ne devînt pas la proie des *braves* et *sages* révoltés. « On « craignait que le peuple ne leur courust sus pour les « chasser de la ville. » Le lieutenant civil arriva pour annoncer que le « peuple désignait le nom de ceux qui

« devaient vuider la ville; s'ils ne le faisaient pas, il « voulait les piller et saccager. »

Le peuple, à cette époque, prenait la peine de *faire prier* les auteurs des plus sanglants désordres de vouloir bien « *vuider la ville*, » afin de n'en être pas ignominieusement chassés. Depuis la domination de cette minorité, dont la violence a toujours fait la force, le peuple éclairé commence par le massacre, sauf à crier « sauve qui peut ! » quand il n'y a plus de victimes à immoler !

Disons encore qu'au XVIe siècle le peuple était aussi souverain que celui d'aujourd'hui, et que sa volonté énergiquement exprimée, était sans cesse insultée et baffouée par une poignée de fanatiques perturbateurs. Aujourd'hui, les héritiers du droit de révoltes font un singulier raisonnement : Leurs ancêtres se soulevaient contre la nation entière, la nation était coupable de se défendre contre une poignée de tyranneaux et de dévastateurs. Au surplus, cette nation composée d'ignorants et de stupides *idiots*, ne pouvait avoir aucun droit sur et contre les esprits *éclairés* qui se permettaient de les ruiner et de les égorger. Les principes, disent-ils, ont bien changé : la nation ne compte pour rien, le peuple seul est souverain, la nation entière doit s'incliner devant sa volonté, n'eût-elle qu'une voix de majorité! S'il fallait conclure quelque chose de ce changement, c'est qu'au XVIe siècle le peuple était composé d'idiots, tandis que, dans ce moment, le peuple renferme toute l'intelligence ; c'est qu'au XVIe siècle, la minorité était intelligente, tandis que de nos jours, la minorité étant devenue idiote, n'a plus qu'à se soumettre et à obéir. D'où vient ce changement dans l'appréciation de la portée des intelligences à ces différentes époques ? C'est qu'au XVIe siècle l'immense majorité ne voulait pas de révolutionnaires; tandis que, depuis quelques années, les révolutionnaires croient pouvoir compter sur le peuple quand ils ont réussi à le tromper.

Je suis loin de croire que parmi nos hommes politiques, à quelque Centre qu'ils appartiennent, les Allemands trouveraient des alliés ; mais il est bien certain qu'au XVIe siècle les Centres parlementaires, connus sous le nom de Politiques ou celui de Tiers-Parti, étaient, sans s'en douter peut-être, les alliés des Anglais et des Allemands, auxquels leurs bons amis révoltés livraient la France à piller et à partager. Excellents royalistes, ils livraient le roi à ceux de ses sujets qui conspiraient pour le remplacer par Condé-Louis XIII ; fervents catholiques, ils chantaient dévotement les psaumes de Marot, tournaient gaiement en dérision l'Eglise catholique et, par faiblesse, sacrifiaient leurs croyances personnelles ainsi que la sûreté de l'Etat, pour ménager les intérêts de leurs amis, fussent-ils les plus criminels conspirateurs.

Pour obéir soit aux conseils de ces Politiques sans conviction, soit à la volonté du prince de Condé, Catherine de Médicis se retire à Melun, emmenant avec elle Charles IX encore enfant ; les insurgés voulaient déjà avoir des *otages*. Condé rassemble tous ses partisans autour de Paris pour faire irruption dans la ville. Les Parisiens se plaignent du départ du roi et des menaces dont ils sont l'objet. Conduits par le prévôt des marchands et par les échevins, ils se transportent à Fontainebleau où était revenue Catherine, s'emparent d'elle ainsi que de l'enfant royal, les ramènent à Paris où le peuple les reçoit aux plus vives acclamations.

A cette époque, le peuple courait après le roi pour le ramener en triomphe ; depuis, on s'est précipité sur ses pas pour le faire monter sur l'échaffaud ! Il a obtenu le triomphe avec la palme du martyr !

En présence de leur échec, les révoltés forment une ligue contre la volonté nationale. Comme toujours, Condé se trouve à leur tête, les Allemands lui viennent en aide ; Coligny invite tous les mécontents à s'armer en guerre ; les Genévois, excités par de *pieuses* exhortations, secondent les efforts du parti. Dans les ordres qu'il lui transmet, Condé exhorte la gentilhommerie à parcourir les campagnes pour servir de capitaines aux paysans qu'elle réussirait à soulever. Théodore de Bèze écrivait : « Ne « faites nulle rétardation, il n'est pas tems de discuter, « mais d'exécuter. » Des négociations directes étaient ouvertes, une fois encore, par le prince de Condé avec Elisabeth, pour en obtenir secours et appui. Un traité fut enfin conclu entre la reine d'Angleterre, le prince de Condé et les princes allemands. Le fier Condé, dans une lettre à l'Electeur palatin, le remercie avec une profonde humilité de ses inépuisables bontés ; le 26 août, il écrit au Landgrave de Hesse pour le conjurer de lui envoyer promptement des reîtres et des lansquenets ; le duc de Vittemberg reçoit les mêmes invitations. En un mot, les puissances étrangères sont invitées à se partager la France.

Le péril, en effet, devait être bien grand pour la Révolution depuis que le peuple avait rendu à Paris le jeune petit roi dont les révolutionnaires se faisaient un otage. Et dire que toutes ces monstruosités étaient connues par des hommes d'Etat qui se disaient royalistes et catholiques ! Ils voyaient les correspondances dans lesquelles était débattu le prix de la France ; ils connaissaient les conditions faites à cet ignoble marché ; mais, par amour pour la paix, dans le ridicule espoir que le calme se ferait enfin dans les esprits, ils laissaient les conspirateurs vendre la patrie et la livrer à ses bourreaux. Il ne leur restait plus qu'à dépecer la victime !

Dans cette effervescence de guerre civile, le Tiers-Parti ne perdit pas l'espoir d'arriver à un accommodement. Catherine de Médicis, à peine rentrée à Paris, ouvrit des négociations avec les chefs de bandes dont elle venait d'être délivrée. De pareilles tentatives ne devaient surprendre personne. Tiers-Parti et révoltés ne se battaient pas, ne raisonnaient pas pour le triomphe de leurs principes ; il s'agissait entre eux de leurs intérêts ou de leur ambition, quand il ne s'agissait pas de leurs affections de famille.

Les masses du parti national, étrangères à tous ces calculs égoïstes, se groupaient franchement autour de leurs chefs pour les entraîner malgré eux. Elles seules ne voulaient admettre aucune condition, ni transaction ; elles seules avaient raison. Ce fut cependant à elles que les négociations donnèrent tort.

Le Tiers-Parti, démesurément fortifié par la toute-puissance de Catherine, parvint enfin à obtenir une trêve, au moyen de nouvelles concessions ; mais il est désolant de voir dans quel abîme moral s'étaient jetés tous les raisonneurs dévoués aux transactions. Ces savants philosophes, qu'aveuglaient leurs idées de modérantisme, discutaient gravement « si le meurtre et l'assassinat peu- « vent, en certaine circonstance, s'excuser, et cela afin de « jeter un voile sur une époque de fatales dissensions. « Lorsque Madame de Guise demandait justice et ven- « geance de l'assassinat de son époux, Pasquier exami- « nait la double opinion de la culpabilité ou de la non- « culpabilité des auteurs de ce crime, et concluait qu'il « n'y a rien de criminel et qui ne soit faisable contre son « ennemi. » Ce triste raisonnement avait pour but de donner plus de force et de durée au système de ménagements, et de soustraire Coligny à la justice. Condé partageait l'avis de Pasquier. Comment en aurait-il été autrement ? Condamné à la peine de mort, libéré, non gracié, pouvait-il ne pas absoudre son compère Coligny ? Un docteur du parti des séditieux écrivait « qu'il est licite « de tuer un roi ou une reine quand il s'agissait de défen- « dre son opinion. » Une pareille doctrine souleva l'indignation générale, et le peuple, plus irrité que jamais, finit par faire les massacres de la Saint-Barthélemy, sans avoir consulté ni le roi ni la reine, pauvres souverains dominés par les Politiques, ils n'avaient plus la force de faire respecter la loi et de protéger la volonté nationale.

Tel fut le triste résultat du système du Tiers-Parti. A force de tergiverser et de neutraliser les mesures du gouvernement, à force de transactions et de concessions accordées à la peur, ils finirent par jeter la nation dans le désespoir et la monarchie à deux doigts de sa perte. « Avant « cette terrible explosion de la colère populaire, ces bon« nes gens s'entremirent encore pour préparer un arran« gement. L'Hospital et le conseiller Morvilliers se rendi« rent au camp de la Gentilhommerie, à Saint-Denis. Ces « deux députés ne purent s'empêcher de lui faire obser« ver que ce n'était pas la forme qu'un sujet vienne armé « présenter requête à son roi désarmé, si ce n'était en « intention de lui vouloir donner la loi. » Ces idées de devoir firent rire les révoltés. « On se riait de tous ces « entremetteurs ; les deux opinions les chansonnaient et « disaient d'eux qu'ils étaient de tous et pour tous. » Pasquier l'avoue lui-même ; il y avait un murmure général dans le peuple contre la paix : « L'apostume est enfin « crevée, et tout ainsi comme la rivière se desborde en « un torrent et précipice, quand elle a fait voie à la « chaussée qui lui barroit le cours de son eau, ainsi le « peuple françois, ayant donné quelque air aux dédains « et rancunes qu'il couvoit dans son estomac, s'est éclaté « tout en un coup, avec une fureur indicible. »

Les révoltés rejetèrent avec mépris les propositions des députés, parce qu'ils sentaient que, derrière eux, s'approchaient les Allemands, qu'ils attendaient. A quoi bon transiger aujourd'hui, quand on sera les maîtres demain ? Les Allemands arrivèrent en effet avec leurs étendards flottant sur le sol de la patrie. Les Politiques effrayés, allèrent se cacher dans leurs châteaux. Dépassés par les événements, n'étant plus à la hauteur de la forte émotion populaire, incapables de rien diriger, ils se retirèrent des affaires, afin de n'être pas victimes de leur aveugle faiblesse. Ils ne firent pas le sacrifice de leurs principes, car ils n'en avaient pas, mais ils déchirèrent ceux de la monarchie. D'autres hommes politiques, aussi royalistes qu'eux, séduits par les mêmes illusions, obéissant aveuglément à de chimériques idées, ont donné, morceau par morceau, la monarchie et la religion en pâture à d'autres révoltés : ceux-là, après avoir taché de sang l'honneur et la gloire de la France, ont donné le roi et la reine, et leur jeune enfant et la sœur du roi au bourreau, digne valet des monstres en révolte.

N'eût été le courageux patriotisme des Guises, tout était perdu au XVIe siècle ; il ne s'en est pas trouvé au XVIIIe. Voilà pourquoi les Centres de 90 n'ont pu qu'assister à l'écroulement total de l'édifice social. Quand un homme d'Etat veut sauver sa personne et ses intérêts, au milieu de la tempête, il réussit à voir sombrer dans un épouvantable naufrage le navire confié à ses faibles mains.

Encore les bâcleurs de transactions n'étaient pas incorrigibles ! Est-ce que la colère du peuple, le 24 août 1572, détourna le Tiers-Parti de son funeste système ? La France gagna-t-elle quelque chose quand ils revinrent au pouvoir ?

Quant à la désastreuse affaire de la Saint-Barthélemy, elle fut en réalité l'œuvre du peuple, agissant exclusivement sous l'influence de sa colère. « Les deux partis « n'en pouvaient plus : Paris et les populations ardentes « des cités catholiques voulaient se délivrer de leurs impitoyables ennemis. Tout ce peuple des rues et des « halles était armé et montrait son dévouement. » Ce n'est pas la pensée et l'ambition de quelques hommes qui poussent le peuple dans les temps d'agitation, mais le peuple qui entraîne les hommes, les conseils, les Politiques, les assemblées et les rois. Bien loin d'avoir poussé à la Saint-Barthélemy, Charles IX y fut entraîné sans aucune participation de sa part. Suivant les historiens les plus impartiaux, le prince était loin d'être cruel : esprit maladif, tourmenté par les tempêtes, il subit l'énergie d'une des puissantes opinions qui dominaient la société. Vivant au milieu des guerres civiles, il chercha d'abord à concilier les partis sous la haute influence de sa mère, et quand il ne le put, parce que leur coexistence était impossible, il voulut les dompter l'un par l'autre. Il ne fut point le maître, et jamais roi n'eut une volonté moins libre et moins spontanée. Dès son enfance, les huguenots dominent ses conseils ; ensuite il passe successivement au Tiers-Parti, aux catholiques, revient aux huguenots, écrasés à la fin par des populations depuis longtemps irritées, tantôt par la modération du roi, tantôt par les tergiversations des Politiques, soupçonnés de trahison par l'opinion publique.

« En examinant même ce jeune prince, adulé par les « calvinistes à son origine, puis traîné dans la boue par « leurs pamphlets ; quand on le voit victime de ses inquié- « tudes, de ses tourmentes de guerres civiles, périr à « l'œuvre à vingt-quatre ans, on sent je ne sais quelle « pitié douloureuse pour tant d'infortune. »

Charles IX mourut le 31 mai 1574.

CHAPITRE III

—

HENRI III.

> Il y a une France admirable en prospérité et en gloire avec nos institutions. Il y a une France pleine de troubles, privée de nos institutions.
>
> CHATEAUBRIAND.

Les rebelles menaçaient la France par les Allemands ; l'Angleterre préparait un débarquement en Normandie et en Bretagne ; les Suisses offraient quelques mille hommes pour le moment de l'envahissement.

Afin de vaincre tous ces ennemis, le Tiers-Parti offrait des pensions et des secours aux princes allemands et leur promettait un subside annuel ; aux séditieux, il jurait l'oubli du passé ; l'on faisait espérer aux princes la possession de certaines villes où ils seraient indépendants ; la liberté à tous les coupables, à tous encore le droit de garder comme leur appartenant les richesses dont ils avaient dépouillé leurs victimes. De semblables concessions n'étaient-elles pas assez absurdes ? Le maréchal Damville, royaliste bien connu, avait présidé à ces transactions. Devenu chef du Tiers-Parti, le maréchal ne faisait plus la guerre aux révoltés : il se préparait à la faire au roi en s'alliant à Condé et au roi de la Navarre. Ces deux princes conduisaient ensemble les mécontents de la cour. Les habiles du Tiers-Parti aimaient à faire partout de la science et de la sagesse ; aussi comparaient-ils le roi de Navarre, reniant sa foi, marmotant ses patenôtres, s'abîmant sous les plaisirs au milieu de femmes couronnées de fleurs, à Brutus cachant sous une apparence d'idiotisme ses vastes projets de délivrance. Ce parti, qui ne savait défendre ni Dieu, ni le Roi, se jetait sans scrupule dans les débauches de l'esprit pour arriver à tout céder à qui voulait tout prendre, même les principes de la plus indispensable morale. S'il n'avait, lui, rien à y perdre, il n'en était pas de même de la France : pendant qu'il s'amusait à de semblables stupidités, l'Angleterre continuait à préparer sa descente en Normandie. Les conspirateurs, n'ayant plus besoin du mystère, prétendaient tout haut placer sur le trône le duc d'Alençon, frère d'Henri III. Pour faciliter cette trahison, le prince de Condé, alors en Allemagne, y sollicitait une levée de reîtres et ne demandait que de l'argent aux révoltés, pour ramener lui-même dans le royaume ces bandes pillardes qui l'avaient naguère sillonné.

Le duc d'Alençon était catholique et voulait devenir roi ; il ne s'agissait donc pas d'une guerre religieuse, mais d'une guerre civile à laquelle prenaient une ardente part les partis qui, n'étant ni royalistes ni catholiques, s'armaient à la voix des princes pour trouver le pillage où ceux-ci pensaient trouver des couronnes.

L'ineptie du Tiers-Parti avait fait en grande partie la Saint-Barthélemy ; cette rude leçon n'ayant pas été comprise, son système demeura le même et le résultat ne fut pas meilleur : la royauté des Valois perdit son crédit. Le Tiers-Parti fit de son mieux pour qu'il en fût ainsi.

Il semble qu'il voulût profiter de l'absence d'Henri III, encore sur son trône de Pologne, pour afficher hautement l'intimité de son alliance avec la révolte, plus ardente que jamais. Les conspirateurs et les politiques voulaient que la couronne appartînt au duc d'Alençon. Le maréchal Damville, chef du Tiers-Parti, réunit à ce dessein une assemblée à Milhaud ; le prince de Condé lui écrivit afin d'arrêter d'un commun accord un système de défense et d'attaque pour ressaisir le pouvoir échappé de leurs mains. L'assemblée de Milhaud, à laquelle étaient venus se joindre les émissaires genevois, modifia ces projets : au lieu d'intriguer ostensiblement en faveur du duc d'Alençon, il fut convenu que l'on reconnaîtrait et proclamerait Henri III, sauf à s'emparer du conseil, comme ils l'avaient fait sous le règne du malheureux Charles IX. Les révoltés, entre eux d'abord, puis entre eux et les Politiques, avaient posé les principes en vertu desquels les huguenots devaient se ressaisir de l'administration du royaume en se rapprochant des modérés. En attendant le retour du roi, on aurait supprimé la régence de Catherine de Médicis, Damville eût été comme un lieutenant-général, dont ils auraient composé le conseil.

Indépendamment des ennemis de l'intérieur, Catherine avait encore à combattre et à repousser les reîtres que le prince de Condé réunissait en toute hâte aux bords du Rhin et de la Meuse.

Le moment était bien choisi pour assurer la réussite du complot : le roi était en Pologne. Politiques, Tiers-Parti, révoltés, mécontents de toute couleur, Allemands et Anglais, devaient reconnaître Henri III, aussi longtemps qu'il serait absent, puis se préparer à lui fermer les portes de la France quand il se présenterait pour y entrer.

Grâce à l'habile politique de la reine et à l'héroïque audace du duc de Guise, devenu le *Balafré*, un jour qu'il mit en déroute les reîtres de Condé, les choses se passèrent autrement.

Henri III était arrivé à Turin : les conspirateurs et les princes allemands lui envoyèrent deux députations chargées de lui demander des *garanties*. Le roi fit réponse « qu'il estoit content de remettre à ses sujets rebelles les « anciennes offenses, pourvu que, laissant les armes et « lui restituant les places de son royaume par eux occu-

« pées, ils vesquissent dorénavant selon les anciennes « lois du royaume. »

Telle était la condition de l'avénement du roi Henri ; elle était clairement et loyalement exprimée. Je la crois assez semblable à celle d'un autre Henri, auquel un autre Tiers-Parti aurait aussi demandé des garanties. Henri III passa outre, et fit bien. Pourquoi Henri V ne l'a-t-il pas imité ?

Les chefs de la conspiration se trouvèrent à Lyon lorsque le roi y fit son entrée. Il est bon de connaître la conduite que tinrent, dans cette circonstance, ces maîtres passés en hypocrisie : « Le lundy, 1er jour de novem- « bre, feste de la Toussainct, le roy de Navarre et le duc « d'Alençon, firent à Lyon leurs *pasques et reçurent ensem- « ble leur Créateur à la communion ; le roy de Navarre et « le duc, prosternés à genoux, protestèrent devant le roy « de leur fidélité.* »

Les préparatifs de la guerre n'en continuaient pas moins dans le Languedoc, où les Politiques s'étaient complétement rapprochés de leurs complices. Le roi, au lieu d'accorder les injurieuses garanties audacieusement sollicitées, avait demandé l'obéissance aux lois, et cette réponse avait assez fait connaître au Tiers-Parti qu'il ne fallait pas songer à prendre sur lui l'ascendant malheureux qu'il avait exercé sur l'esprit de Charles IX. Il fallait donc recommencer la lutte contre la puissance royale. Le roi de Navarre et le duc d'Alençon, il y a peu de jours encore, *agenouillés devant le roi, sous les yeux de Dieu et sur le pavé de la cathédrale de Lyon, avaient juré fidélité !* Aujourd'hui, les voilà qui osent prendre la direction de la guerre civile qui se prépare !

La paix ne pouvait pas s'établir avec de tels hommes. Dans l'espoir cependant de les amener à plus de respect pour leurs serments, Catherine se rendit auprès du duc d'Alençon, son fils, qu'elle trouva entouré de Politiques et de rebelles, occupés à imposer au gouvernement les plus dures conditions de paix. Cette paix étant l'un des plus grands besoins du moment, Catherine en écrivit à Henri III, qui consentit à une trêve signée à Champigny.

Ceci se passait dans le Conseil de la royauté ; mais l'opinion publique ne voulait pas d'une transaction qui avait le double désavantage d'être imposée au souverain et de la soumettre elle-même à toutes les exigences de ses ennemis.

Le résultat définitif de toutes ces misérables intrigues fut que les Politiques et le Tiers-Parti devinrent des traîtres, et que la royauté des Valois perdit son crédit.

Quand Henri III s'était jeté dans le parti national, il avait trouvé toute facilité sur les populations : il avait demandé de l'argent à sa bonne ville de Paris, et sa bonne ville de Paris lui avait donné de l'argent ; lorsqu'il consentit à faire avec les révoltés un traité que repoussait le sentiment populaire, Paris répondit qu'il ne possédait plus aucune ressource, attendu que leurs fortunes avaient été pillées par des gens de guerre.

Après s'être hautement déclaré pour la révolte, le Tiers-Parti en était revenu à son faux système d'hésitation ; mais le peuple s'effrayait de ce retour, et, pour se rassurer, parlait de mettre les Guise sur le trône. Henri III avait perdu la confiance nationale. Les séditieux offraient la couronne tantôt à Condé, tantôt au duc d'Alençon ; le peuple la voulait mettre sur la tête de Guise qui avait sauvé l'honneur du pays ; quant aux traîtres, il n'en voulait à aucun prix, de sorte que le roi se voyait menacé de perdre sa couronne. Tel était le résultat des concessions par lui faites au Tiers-Parti.

Les Politiques, croyant en finir et rendre leur position moins critique, déterminèrent le roi a réunir les Etats-Généraux à Blois, afin de donner satisfaction au maréchal Damville, personnage équivoque, appartenant à tous les partis sachant flatter son orgueil et son ambition. De nouvelles transactions, proposées par les modérés, furent énergiquement rejetées par le peuple et par la bourgeoisie ; bourgeois et manants, songeant à leurs immunités, aux droits publics et privés de chacun, qu'ils avaient failli perdre, se méfiaient des interminables discours du parti du Centre. Ils auraient dû cependant se rassurer en prêtant l'oreille aux professions de foi de Damville. N'écrivait-il pas au roi qu'il sacrifierait sa vie pour la paix publique ! Il ajoutait, à la verité, qu'il fallait accorder aux révoltés tout ce qu'ils désiraient, et cette condition faisait que tout espoir était complétement perdu. Il était trop évident que Damville ne sacrifiait que la cause populaire.

Il en a toujours été de même du dévouement des centres : *Mourir pour la patrie*, mais en réalité conserver sa fortune et son repos !

Pendant que les Politiques, satisfaits d'eux-mêmes au sein des Etats-Généraux, se frottaient les mains dans la conviction où ils étaient d'avoir assuré la paix, les partis prenaient les armes et le peuple méprisait les transactions, depuis surtout qu'il avait pris en dégoût les transacteurs.

Lasse enfin des inutiles calculs des Politiques, Catherine chercha à les séparer du parti des rebelles. Pour mieux y réussir, elle offrit à Damville le marquisat de Saluces ; la proposition allait être acceptée, lorsque Biron et Villeroi, qui étaient du Tiers-Parti, firent échouer la réussite du projet. Il faut dire aussi que Damville, personnage peu influent, n'était pas celui qu'il importait le plus d'attacher à la cause royale : le roi de Navarre et le prince de Condé, chefs suprêmes, faciles à ramener à la fidélité, malheureusement trop négligés, depuis quelque temps, avaient établi de nouveaux rapports avec l'étranger. Les Allemands, avec qui la reine d'Angleterre s'était confédérée, s'étaient remis en marche : reitres, lansquenets et Suisses se levèrent en masse, se dirigeant les uns vers le roi de Navarre, par la voie de terre, les autres vers le prince de Condé, par mer. Sous prétexte de secours à donner au prince d'Orange, on avait l'intention d'envahir la France en la prenant à l'imprévu.

Les Allemands étaient proches, les cornettes étrangères frétillaient pour entrer dans le beau pays de France. A ce moment, le Tiers-Etat, décidé à se rattacher au roi, prit peur et continua son alliance avec les rebelles. Cette lâche frayeur produisit le traité de Poitiers, honteusement accordé aux armes étrangères. Rebelles, Politiques et Tiers-Etat sont le parti anti-national, un parti de morcellement, un fédéralisme provincial ; ils font ravager la France par les étrangers, tandis que les communes, soutenues par les Guises et fortes des vieux principes de leurs pères, conservent seules la nationalité française.

Henri de Navarre lui-même, d'accord avec son parti et toujours flatté par les royalistes modérés, favorisaient le morcellement territorial du royaume en grands fiefs. Tandis qu'il poussait le maréchal Damville à se déclarer indépendant en Languedoc, il entretenait des liaisons intimes avec le maréchal de Bellegarde, qui se créait un Etat libre sur les frontières de la Savoie.

Le roi, sans cesse agité par les avis et les conseils des différents partis, cherchait à créer par lui-même une paix que lui refusaient sans cesse tant de tergiversations ; mais les partis n'étaient plus dans ses mains depuis que les Politiques, à force d'offenser la majorité nationale, avaient créé chez elle les sentiments d'une irrésistible passion pour sa liberté. Il suffisait que les rebelles voulussent la lui prendre, pour qu'elle voulût la garder avec les institutions qui la lui avaient donnée.

Il existait alors deux chefs de guerre : d'une part, le roi de Navarre, de l'autre, la grande famille de Guise. La couronne, pouvoir modérateur guidé par le Tiers-

Parti, disparaissait dans tous ces conflits. « Ce que les « partis méprisent le plus, ce qu'ils attaquent avec le « plus de violence, ce sont les convictions timides qui « n'osent point prendre une résolution décidée ; ces « hommes sont là comme des obstacles que les opinions « ardentes voudraient secouer. Il existait en dehors de « la Ligue, un nombre de catholiques dévoués au roi et « qui s'étaient refusés à signer la Sainte-Union. Quand « on était bon huguenot, c'était un drapeau ; on pouvait « vous reconnaître, et les cités municipales n'eussent pas « hésité à combattre contre vous ; mais ceux-ci se di- « saïent et se proclamaient catholiques. Ils morcelaient « le parti de la Ligue ; ils divisaient la grande opinion « groupée autour du duc de Guise. De là cette fureur « contre les Politiques, consciences tièdes, esprits sans « énergie, plus maudits que les huguenots eux-mê- « mes. »

Le parti Politique aurait fait la force du roi, s'il fût franchement entré dans les sentiments de la nation ; mais son but constant était de détruire les principes qui s'opposaient à ce que le roi de Navarre devînt roi de France. Le Tiers-Parti considérait comme légitime une succession que la nation considérait comme anti-nationale, puisqu'elle était réprouvée par les principes auxquels la France devait sa gloire.

Il est de fait que le peuple ne se trompait guère sur la valeur que pouvaient avoir les hommes politiques demeurés étrangers à la Ligue. Damville et le duc d'Epernon étaient considérés comme de misérables *athéistes*, cœurs sans pitié et sans « vie religieuse. » Dans ce parti, il fallait encore comprendre les parlementaires, grands négociateurs qui s'étaient donné la mission de préparer les rapprochements entre les partis. Ils étaient, en majorité, très-attachés au catholicisme ; seulement ils n'avaient point adhéré à la Sainte-Ligue, les uns pour ne pas se séparer du Tiers-Parti, les autres par affection pour quelques hommes du parti huguenot.

Le roi de Navarre croyait tromper la nation en lui donnant l'espoir d'une prochaine conversion, mais il ne trompait que le Tiers-Parti. Le peuple, que ce prince avait déjà trompé plus d'une fois, ne se laissait pas prendre à ses fallacieuses promesses : « Que désirent les ennemis de « nos libertés communales, avant toutes choses ? C'est de « voir le roy de Navarre prômu à la couronne ; ce qu'ils ne « feroient sans espérance de quelque bien et advantage « pour eux. Aussi, est-il notoire que tous les meilleurs, « dans les villes et les communes, sont ennemys du roi « de Navarre, et par ainsi s'il parvenoit à la couronne, « les voudroit exterminer, du moins seroit conseillé de « le faire. »

Pour contrebalancer la suite désastreuse que faisaient prévoir la faiblesse et les illusions du parti Politique, le peuple s'était jeté à corps perdu dans le mouvement de la Ligue : « Chacun voit à l'œil, disaient les Ligueurs, les « desportements et actions d'aucuns qui, s'étant glissés « en l'amitié du roy, se sont comme saisis de son autorité « pour se maintenir en la grandeur qu'ils ont usurpée, et « ont eu la hardiesse d'éloigner de Sa Majesté, non-seule- « ment les princes, mais tout ce qu'il y a de plus proche. « Ils ont tiré à eux tout l'or et l'argent des coffres, et les « plus clairs deniers des receptes sont pour leur profit « particulier. »

Sur qui tombaient ces sévères accusations ? Sur ceux dont l'influence dominait le roi. Quels étaient-ils, sinon les hommes ennemis des opinions du peuple, ceux du parti Politique ?

Toutes ces démarches mixtes, toutes ces hésitations du 158
roi et des Politiques du conseil, toutes ces accusations répandues dans le public, finirent par irriter les communes du royaume. Paris s'organisa pour prendre l'initiative dans

le mouvement devenu général ; la bourgeoisie, les halles et les corporations se procurèrent des armes. On répétait partout que, dans le faubourg Saint-Germain, plus de dix mille huguenots voulaient couper la gorge aux catholiques pour faire avoir la couronne au roi de Navarre ; que plusieurs du conseil et de la cour du parlement les favorisaient, à quoi il était besoin de pourvoir.

Dans une assemblée populaire, présidée par le Prévôt des marchands et par les Echevins, on parla de s'emparer du Louvre et du roi, ainsi que de ceux qui s'y trouveraient ; on devait mettre à mort tous ceux qui trompaient le roi : « Le duc d'Epernon et ces *pourceaux* de Politiques qui « ménageaient les rebelles et parlaient encore de faire la « paix avec eux. »

Dans cette même assemblée, fut proposée l'invention des barricades ; les barricades furent approuvées et bientôt construites.

Un soulèvement aussi général jeta partout une profonde terreur : les Politiques protestèrent de leur soumission ; le roi alla à la Ligue et en accepta toutes les conditions. Il est permis de dire que le peuple força le roi à être royaliste et à garder dans ses mains l'autorité prête à lui échapper.

Pour assurer l'union qui venait de se conclure entre le roi et le peuple, on fit à Nemours une convention qui fut scellée par toutes les parties ; car il y avait de justes défiances dans les esprits, effrayés des constantes hésitations d'un pouvoir qui ne leur était pas dévoué. Il était de notoriété publique que M. d'Epernon le Politique, duquel la fortune, faute de bons fondements, avait besoin de forts appuis, était allé trouver le roi de Navarre ; que le Navarrais s'appuyait sur les ducs de Joyeuse et d'Epernon par promesses qu'ils s'étaient faites respectivement, à savoir : « Los dicts ducs de l'establir roy, et luy de les « conserver tels qu'ils sont. »

Les esprits étaient tellement agités et si fortement prononcés contre les Politiques que toute négociation était impossible ; néanmoins, Catherine s'adressa aux ducs de Nevers et de Mayenne, ligueurs modérés. Par leur intermédiaire, elle obtint la paix avec des peines infinies. Les conditions étaient dures, car la nation en voulait finir avec ces hésitations sans cesse renouvelées.

Cette résolution était d'autant mieux fondée, que le roi, dominé par le Tiers-Parti, commettait en ce moment même la maladresse de déclarer qu'il se plaçait à contre-cœur à la tête du parti de la Ligue. D'un autre côté, Catherine de Médicis, mécontente du traité de Nemours, se montrait disposée à négocier avec Henri de Béarn, afin de conclure avec les rebelles une paix qui aurait mis obstacle à l'exécution de la volonté populaire. Nouvelle folie qui devait précipiter le mouvement national vers une nouvelle catastrophe. Cet inévitable résultat ne se fit pas longtemps attendre.

Pendant que la reine négociait avec le roi de Navarre, celui-ci s'entendait avec Condé, qui conduisait à travers la France les armées suisses et allemandes. Toutes ces bandes étrangères, introduite chez nous par un parti se disant patriote, commandées par des chefs en pleine révolte, laissaient derrière elles les plus honteux pillages. Le duc de Guise n'avait à leur opposer que dix mille combattants ; mais la France entière se levait et marchait derrière lui. Le roi, aveuglé par les Politiques, se laissait aller du côté des insurgés qui, alors, lui tendaient la main ; mais toutes les populations des communes couraient sus à leurs ennemis ; les traînards étaient percés de hallebardes et de pertuisanes, on sonnait le tocsin à leur approche. Quand une nation entière se lève pour défendre sa foi, sa liberté et sa patrie, qui pourrait sans honte passer devant son drapeau sans s'incliner ?

Dans une simple rencontre qui eut lieu à Montargis,

Guise avec sa poignée de vaillants hommes, fit disparaître toutes ces nombreuses bandes de pillards. Ainsi poursuivis par le parti Populaire jusqu'au centre de la France, les ennemis se dispersèrent pour se réunir, en fuyant, à douze lieues de Paris, où ils trouvèrent Condé.

« Ce ne sont pas les révoltés ouverts et déclarés, disait « Guise, que nous devons craindre le plus, vu le peu « qu'ils tiennent en un si grand royaume ; mais leurs prin- « cipales forces sont celles des royalistes dissimulés ou « feincts qui favorisent leur établissement et les préten- « tions du prince de Béarn, lesquels ne cessent en notre « présence de pratiquer sur les villes qu'ils savent nous « être affectionnées, y employant l'autorité du roy. »

C'était contre le duc d'Epernon, le parti Modéré et Politique, que se dirigeait alors le mouvement des véritables royalistes. Il fallait secouer les faiseurs de transactions dominant dans le conseil du roi.

Tout Paris fermentait pour prendre un parti décisif ; Guise lui-même était accusé de trop de lenteur ; et il arriva qu'un jour « les escoliers d'un costé commencè- « rent à s'esmouvoir et descendre de l'Université, le peu- « ple semblablement, et fut aussitôst la place Maubert « saisie, quelques barricades plantées à dix pas, et gé- « néralement commença-t-on à se barricader partout de « trente pas en trente pas et à tendre les chaisnes, les « barricades fort bien flanquées et bien munies d'hom- « mes pour les défendre. »

Les soldats, accablés par la populace en fureur, se rendirent aux habitants. La reine se transporta auprès de Guise pour le prier d'apaiser cette *esmotion*. Henri III espérait une heureuse fin de ces négociations ; mais ce résultat était difficile à obtenir : quand la multitude triomphe, il ne faut parler de transaction qu'alors que ce peuple, épuisé par ses succès, se débat éperdu dans l'anarchie ; jusque là il est trop fier de lui-même, trop colère contre son ennemi. Le roi se décida enfin à s'éloigner de Paris, où le duc de Guise devint le véritable souverain. Sa prudence y sauva l'ordre et la dynastie, comme son intrépidité avait sauvé la France. Grâce à lui, les Suisses furent épargnés, les armes furent rendues aux compagnies royales et, le soir venu, on les fit sortir de Paris pour les soustraire à la fureur du peuple. Le lendemain, commença sous la surveillance de Guise, le gouvernement de la bourgeoisie et des halles. Ce duc tant calomnié par les révoltés vaincus, aurait pu être roi, car il était environné d'une immense popularité ; toutefois, il aima mieux remettre le pouvoir entre les mains du peuple, préparer noblement le retour du roi en fuite et rendre la liberté à la reine captive.

Alors commencent les négociations sérieuses : le roi et sa mère, comprenant que tant de colloques devaient cesser de se passer en belles paroles, lesquelles n'avaient jamais produit autre chose que de perfides unions. Instruits par la dure leçon que venaient de leur donner les halles de Paris, ils renoncent aux tièdes convictions des Politiques et se séparent d'eux avec franchise. Cette résolution était nécessaire ; il était de plus nécessaire qu'elle fût immédiatement prise, car le peuple ne pouvait plus avoir confiance à Henri III tant qu'il aurait auprès de sa personne le chef de ces *pourceaux* de modérés, de ces hommes à tous vents et à toute opinion.

L'assassinat des Guise, bientôt après exécuté à Blois, fut un des conseils des Politiques, une de leurs mesures de prudente vengeance. Ce crime entraîna la ruine des Valois, œuvre finale de toutes les tergiversations et de toutes les faiblesses du Tiers-Parti.

Ainsi, la période de la réaction nationale a ces deux extrémités dans la Saint-Barthélemy et les barricades ; double mouvement, dirigé l'un contre quelques seigneurs révoltés se plaçant à la tête de tous les mécontents, l'autre contre les timides et les consciences indifférentes, Politique d'abord, puis Tiers-Parti, ne laissant agir ni la monarchie ni la nation, ne faisant rien eux-mêmes et s'opposant à tout jusqu'au moment où tout devait s'engloutir dans une dernière catastrophe.

Tel fut, à cette époque de triste mémoire, le résultat vrai et indiscutable de la politique des hommes du Centre gauche ou droit, peu importe. Royalistes, ils affaiblissaient l'autorité royale : catholiques, ils se riaient de l'église en secret ; libéraux, ils laissaient les insurgés supprimer la liberté.

Le même parti a-t-il fait mieux sous le règne de Louis XIII ? Nous le verrons, sacrifiant ses principes, jeter la France dans de nouveaux malheurs et parler de liberté quand il créait la servitude.

CHAPITRE IV

LOUIS XIII.

Condo et compono quæ mox depromere possim.

Par son édit de Nantes, Henri IV avait donné pleine 161
satisfaction au parti de la révolte ; il était donc permis à Louis XIII de compter sur une paix solidement établie. Cet espoir n'aurait pas été trompé si les princes et les seigneurs dont l'ambition, toujours inextinguible, n'eussent pas poussé à la révolte des gens depuis plusieurs années étrangers aux conspirations.

La première cause de l'agitation fut M. de Sully, l'âme de toutes les séditions. Pour se l'attacher, la régente lui avait donné, une fois, la somme de 300,000 fr. ; une autre fois, une rente de 24,000 fr. Jusques-là, de semblables générosités avaient réussi à lui imposer silence. Il était gouverneur du Poitou et grand maître de l'artillerie : la régente, ayant disposé de ces deux charges, lui offrit le bâton de maréchal qu'il refusa. Les séditieux déclarèrent alors au gouvernement que, s'il entreprenait de priver M. de Sully de ses charges, l'ancien parti des révoltés prendrait fait et cause pour lui. Cette déclaration prouve jusqu'à la dernière évidence que la question religieuse était entièrement étrangère aux faits historiques qui vont suivre.

M. le duc de Bouillon, depuis longtemps favorable aux insurgés, ayant reçu la promesse du gouvernement de

Poitou, se plaignit amèrement à MM. de Sully et de Rohan de l'irritation manifestée par le parti du huguenotisme. M. de Rohan, qui avait épousé la fille de M. de Sully, prit le parti de son beau-père et déclara à M. de Bouillon que, si le gouvernement osait le pousser à bout, il y trouverait de plus grands obstacles qu'il ne s'imaginait. Or, ces obstacles n'étaient autres que la guerre civile.

Continuons donc à parler des événements comme de guerres civiles maladroitement entretenues par le Tiers-Parti de l'époque, aujourd'hui connu sous le nom de Centre gauche et de Centre droit.

Pour témoigner son mécontentement, le duc de Rohan se sert d'un indigne subterfuge; afin de s'emparer de Saint-Jean-d'Angély, d'en changer tous les fonctionnaires nommés par le roi et de les remplacer par les chefs de cette révolte inattendue. Les hommes résolûment dévoués à la royauté pensaient qu'il fallait promptement faire le siége de la ville ; la reine, adoptant l'avis des temporisateurs, rejeta celui des royalistes. On lui avait dit que cette détermination, en irritant les séditieux, ne réussirait qu'à exciter un soulèvement général, et elle prit peur. En conséquence, de Thémines fut chargé de négocier un accommodement et il y réussit au détriment de la royauté, mais au gré du Tiers-Parti. On convint, *pour sauver les apparences*, que les clés de la ville seraient remises entre les mains de l'ancien maire, seulement pour huit jours, après quoi l'on procéderait à une nouvelle élection des trois sujets qui devaient être présentés au roi ; que les deux principaux officiers de la garnison, La Rochebeaucourt et Foucaut rentreraient dans la ville, où l'on avait refusé de les recevoir avant l'élection du nouveau maire ; qu'ensuite ils en sortiraient pour n'y plus revenir ; que la compagnie de l'un appartiendrait au duc de Rohan, et que celle de l'autre serait commandée par un officier de son choix ;

qu'enfin, la place de commandant de la garnison serait à sa disposition. Par ce traité, le duc de Rohan eut seul toute l'autorité dans la ville de Saint-Jean-d'Angély; il se trouva délivré de tous les officiers restés fidèles à la monarchie.

Les égards que l'on eût en cette occasion pour le duc de Rohan, l'un des chefs de l'insurrection, était une marque sensible de la faiblesse du gouvernement, qui ne savait que trembler devant les menaces des Politiques.

Devenus plus forts, les rebelles devinrent plus audacieux. Le duc de Bouillon ne cessait d'animer le prince de Condé contre le roi et contre la reine-mère. Pour y réussir, il lui offrait ses biens et sa personne, avec 100,000 hommes, qu'il disait résolus à verser jusqu'à la dernière goutte de leur sang pour la défense des princes et des grands armés contre le gouvernement; il lui faisait entendre que toutes les villes se déclareraient pour lui, et surtout les villes occupées par les révoltés, habitués à tous les soulèvements et aux pillages. Condé suivit ces dangereux conseils; les ducs de Nevers, de Mayence, de Longueville et de Vendôme se joignirent à lui. Tous prirent la fuite et se réfugièrent à Mézières, où ils se trouvaient protégés par la ville de Sedan, du domaine du duc de Bouillon.

La reine, comprenant enfin que son autorité était en péril, résolut d'employer la force pour se défendre. Le duc de Vendôme fut arrêté et emprisonné; le duc d'Epernon parla de faire prendre les armes aux troupes de la maison du roi; mais grâce aux habituelles faiblesses des Politiques, on se borna à écouter les sages avis de M. d'Epernon. Quand le gouvernement est faible ou indécis, le parti de la temporisation est toujours préféré à celui de l'exécution : on résolut donc d'envoyer des députés au prince pour lui proposer un accommodement. Il avoua, dans la suite, que, si l'on avait suivi le conseil du duc d'Epernon, son parti eût été bientôt dissipé, les princes et seigneurs ligués n'ayant encore ni troupes pour combattre, ni places fortes pour se retirer. Si la seule maison du roi, ajoutait-il, eût marché contre eux, ils ne pouvaient éviter d'être pris ou obligés de sortir du royaume.

L'accommodement proposé par la reine fut accepté. Les Révoltés ne quittèrent pas le royaume, où ils continuèrent à conspirer à l'abri des interminables concessions des royalistes, endormis par la peur.

Pendant que la reine défendait mollement son autorité, le duc de Vendôme tâchait de soulever la Bretagne et le Parlement, où le Tiers-Parti, ayant la majorité, défendait aux populations de prendre les armes sous peine d'être déclarées coupables de lèse-Majesté.

Le dernier accommodement était dérisoire : en même temps que le duc de Vendôme voulait soulever la Bretagne, le prince de Condé appelait les révoltés à son secours, et les Politiques obtenaient du roi qu'une conférence eût lieu à Soissons. Les princes rebelles osèrent demander au gouvernement : 1° La convocation des Etats-Généraux ; 2° la double surséance du mariage du roi avec Anne d'Autriche, et d'Elisabeth de France, sa sœur, avec Philippe d'Espagne ; 3° le désarmement des troupes royales ; 4° un traité en faveur des intérêts particuliers des princes et seigneurs mécontents et armés.

On ne sait, en vérité, quel nom donner à l'aveuglement des négociateurs ! Si MM. de nos Centres actuels affichaient ou acceptaient de pareilles prétentions, qui pourrait les considérer comme des hommes sérieux ? Supposons qu'en 1871, des négociateurs, Centre droit ou Centre gauche, s'interposant pour obtenir que la paix fût accordée à la Commune de Paris, eussent fait les mêmes propositions au chef du gouvernement ou à l'Assemblée nationale, séant à Versailles ; n'aurait-on pas cru ces négociateurs atteints de folie, ou plutôt ne les eût-on pas mis sous les verroux comme coupables d'une infâme trahison ?

Les idées politiques ont subi de profondes modifications, cela est vrai ; mais telles qu'elles sont encore aujourd'hui, ces idées tendent au même but et obtiennent le même résultat que celles dont nous croyons nous être affranchis. Aujourd'hui encore, nous sommes témoins de l'immolation des principes vrais au profit d'hypocrites mensonges, du sacrifice de l'honneur national au profit des plus honteuses ambitions.

Il est arrivé, l'année dernière, un jour où la France éperdue, après les plus cruelles défaites, après les crimes épouvantables de la Commune de Paris, croyait revoir Henri V sur le trône de ses aïeux. L'immense majorité de la nation était dans la joie, l'immense majorité de l'Assemblée donnait les mains à ce retour depuis si longtemps attendu. Le roi était là. Le trône est veuf encore, et ceux qui se réjouissaient versent aujourd'hui des larmes amères. A qui la faute ? Nous le répétons, au Centre droit et au Centre gauche. Les membres de ces deux partis sont, comme toujours, incapables d'empêcher le mal et de faire le bien. Nous allons en juger une dernière fois.

Avant d'ouvrir la barrière au roi, on lui a demandé son passeport, sa couleur et des garanties, puis on avait une constitution à lui présenter.

Il a répondu : Je suis Fils de la France et je suis son roi ! Mon passeport, qui date de dix siècles, a été visé par chaque génération, il est écrit et enregistré dans toutes les municipalités et sur tous les navires, les pères de quelques-uns d'entre vous ont écrit mon nom avec le sang de mon père. Ma couleur est blanche comme l'hermine ; si vous y trouvez des taches de sang, c'est que mes aïeux ont versé le leur pour la gloire de la France ! Regardez-le bien ; il nous a donné l'Alsace et la Lorraine que vous avez perdues sous votre étendard de révolté ! Vous me demandez des garanties, mais je vous offre 100 ans de la plus glorieuse garantie ; je vous offre des lauriers plus que n'en peuvent porter vos faibles mains, plus que n'en peuvent aimer vos cœurs matérialisés. Je vous offre tous les bijoux, tous les biens de la couronne, ils viennent de mes aïeux qui en ont fait cadeau à la France. Gardez pour vous ceux qui vous viennent de l'anarchie ; laissez à la France ceux qu'elle a reçus de ses rois ! Vous vous donnez le droit de m'imposer une constitution ! Mais vous en parlez et vous y travaillez depuis quatre ans. Où avez-vous écrit la première ligne de cette œuvre dont vous ne serez jamais les pères, parce que vous êtes impuissants à rien créer. Je vous montrerai les ruines que vous avez faites, montrez-moi ce que vous avez édifié. Vous me refusez le droit d'entrer en roi dans ma patrie, sans doute parce que vous rougiriez de me montrer les dégoûtants oripeaux que vous avez substitués à mon manteau royal ! Ne craignez rien, je suis du sang de saint Louis et ce sang a toujours su pardonner, même sur l'échafaud, même sous le poignard des assassins. Je suis le roi, faites-moi place car je veux entrer dans ma France et lui rendre le bonheur que vous lui avez criminellement enlevé.

Juste milieu du XVIe siècle, Centre droit et Centre gauche de notre époque ne diffèrent entre eux que par une étrangeté plus ou moins mitigée ; mais chez les uns comme chez les autres, il est impossible de ne pas remarquer le même abandon des principes fondamentaux de tout ordre social.

Ce système ayant produit sous le règne de Louis XIII une suite continuelle des mêmes calamités sociales, il serait superflu de poursuivre ces études jusqu'à la mort de ce monarque. Aussi bien Richelieu avait-il, de sa main puissante, rendu au gouvernement sa primitive vigueur, en supprimant la lâcheté du modérantisme politique.

Laissons de côté le règne de Louis XIV, sous lequel les Politiques parurent trop peu pour avoir laissé le plus léger sillon dans l'histoire; ne parlons pas de la régence, dont toutes les corruptions ignominieusement désolantes, ne peuvent éclairer la postérité qu'en lui montrant à quel degré de bassesse peut tomber une société sans mœurs. La société ne s'endormit alors dans de honteuses saturnales que pour se réveiller dans le sang d'un martyr. Le trône et la couronne de France sont tombés. Quelles mains ont aidé à renverser ce trône et à briser cette couronne? Nous allons le rechercher dans le chapitre qui suit.

CHAPITRE V

LE TIERS-PARTI SOUS LE RÈGNE DE LOUIS XVI.

> Fasse le ciel que cette déplorable manie de briser les convictions et d'affadir les consciences ne vous prépare pas des catastrophes nouvelles ; car l'apparition des sophistes présage inévitablement la chute d'un empire.
>
> LE MARABOUT MÉHÉMET.
>
> Il n'y a que moi et Turgot qui soyons les amis du peuple.
>
> LOUIS XVI.

Il ne s'agissait plus, à cette époque, de révoltes à main armée dans le but d'obtenir une indépendance territoriale, comme au XVIe siècle l'ambitionnaient les Condé, les Bouillon, les Châtillon ou les Coligny. Ce temps des fiefs rivaux de la royauté était passé sans que personne pût songer à son retour. Il ne s'agissait pas davantage de soulever les masses pour faire la conquête du droit de substituer des opinions allemandes aux croyances nationales de la France. Cette conquête, commencée avec la plus cruelle violence, au milieu du sang, du pillage et de la profanation des arts, était achevée depuis déjà de longues années. Avec le droit de tout examiner, on avait acquis le droit de tout nier. La France avait compté, au XVIe siècle, des caractères sérieux, des esprits fermes et des âmes élevées. On conçoit que des hommes ainsi trempés eussent la force de soutenir énergiquement les principes qu'ils croyaient être la vérité ; les luttes étaient d'autant plus sanglantes que les convictions religieuses et politiques étaient plus inébranlables. Entre ces deux partis aux robustes croyances, quelques hommes timides, redoutant de compromettre quelque chose de leur tranquille félicité, s'en allaient d'un camp à l'autre, promettant à tous des concessions, impratiquables pour les uns, inacceptables pour les autres, faisant naître dans tous les cœurs d'illusoires espérances, à force de déceptions irritant les meilleurs esprits, les aigrissant jusqu'à la colère et les poussant ainsi, sans le vouloir, aux plus féroces emportements.

Quand arriva le XVIIIe siècle, tout se trouvait changé ; l'énergie nationale avait fait place à une indolence morale à peu près universelle ; on n'avait plus de force que pour idolâtrer la débauche ; on se riait de Dieu et de la vertu. Le but de cette société, ainsi corrompue, n'était point de chercher la vérité, mais de détruire tout ce qui s'opposerait à la corruption. La prétendue réforme avait fait la première révolution, en introduisant dans la société religieuse un principe de désordre et d'anarchie ; les prétendus philosophes en firent une seconde lorsqu'ils l'introduisirent dans la société politique comme une conséquence forcée de la première. Ce qu'il y eut de plus déplorable, c'est que les hommes d'Etat, séduits eux-mêmes, favorisaient de toute la puissance de leurs passions la circulation des plus funestes écrits ; le ministre Choiseul en protégeait les auteurs, la courtisane Pompadour, flattée de leurs viles adulations, conjurait l'orage chaque fois qu'il était prêt d'éclater sur leurs têtes coupables.

Au milieu d'un pareil affaiblissement, quand il ne restait plus en morale que de misérables ruines, il ne s'agissait plus d'employer l'autorité dont la base, ébranlée par les avocats de l'ancien Tiers-Parti, allait disparaître au souffle morbide d'un modérantisme égaré par la folie.

Que pouvait faire le vertueux Louis XVI, lui-même ? Nature honnête et bonne, Louis était convaincu qu'il y avait quelque chose à faire pour le bonheur social ; il était bien résolu à faire des concessions aux clameurs de l'opinion égarée, mais il lui en aurait coûté de se mettre à la tête d'un mouvement sans frein et de le dominer en lui donnant par la force une sage direction. « Une bonne et franche haine, une guerre ouvertement déclarée à la révolution naissante eut mieux valu pour lui, sans doute aussi pour tous, que ce bon vouloir aveuglément soumis à des conseillers sans résolution, sans ligne de conduite arrêtée : de semblables dispositions, un pareil entourage, tout au plus bons pour une époque de tâtonnement et de calme, où les expériences manquées se recommencent impunément, sont fatals dans les grandes crises qu'ils précipitent aveuglément.

A l'abri de la tendance royale, il se forma bientôt un parti dont la résolution apparente était de conserver à la religion et au roi, sinon toute leur puissance de la veille, au moins une position assez forte pour assurer la sécurité publique. Malheureusement, le gouvernement royal se laissa tromper par les protestations d'un dévoûment qui n'existait pas. C'est ainsi que ces nouveaux Politiques, successeurs et héritiers de la faiblesse, peut-être de l'hypocrisie de leurs pères du XVIe siècle cheminaient sourdement, tandis que l'on faisait le moins d'attention à leur doctrine ; ils en sont encore là aujourd'hui, leur infatuation est toujours la même : ils espèrent, par un misérable subterfuge, qu'ils arriveront au but qu'ils veulent atteindre, celui de tout dominer en paraissant vouloir tout pacifier. *Condo et compono quæ mox depromere possim.* En se jetant entre les différents partis, en offrant aux uns et aux autres leur désastreuse intervention, ils ont toujours réussi à précipiter la France dans les plus profondes calamités. Grâce à leurs trompeuses lumières, il nous en a plus coûté pour acquérir des désastres évidents qu'à aucune autre nation pour se procurer des avantages certains. Ainsi trompée, la France a acheté la misère par le crime ; égarée par le séduisant mirage d'une prospérité qui miroitait à ses yeux, elle n'a pas sacrifié ses intérêts à la vertu, mais elle les a immolés afin d'acquérir le droit de prostituer son honneur. Avec une modération pleine d'un charme trompeur, MM. du Tiers-Etat parlaient d'égalité, comme si les niveleurs avaient jamais trouvé l'égalité ailleurs que sur l'échafaud !

Dans l'Assemblée constituante, M. de Lafayette, dont le royalisme n'était pas encore douteux, proposait d'accorder son appui au gouvernement à la condition que le roi reconnaîtrait formellement certains principes constitutionnels. L'archevêque de Toulouse, alors premier ministre, avait lui-même partagé cet avis : enhardi par cette accession, et s'exprimant plus clairement dans le 2e bureau, M. de Lafayette crut devoir proposer au roi la convocation *d'une Assemblée nationale.* — « Quoi ! Monsieur, dit le comte d'Artois, vous demandez la convocation des Etats généraux ! » — « Oui, Monseigneur, et même mieux que cela. » Le prince n'avait pas compris qu'en proposant ostensiblement l'ouverture des Etats généraux, M. de Lafayette voulait la révolution. Le bureau refusa la proposition du royaliste marquis.

Pour en finir avec les débats et les entreprises de l'Assemblée des notables, le roi en prononça la clôture le 25 mai. Aux discussions trop entreprenantes des notables succédèrent celles des parlements, dont l'exil fut prononcé, puis retiré par suite des instances de M. de Malesherbes ; encore un brave royaliste qui, se faisant Politique conciliant, s'opposa à l'exécution des volontés royales ! L'ordre public ne s'en trouva pas mieux. Le 15 août, fête du vœu de Louis XIII, devait être une fête religieuse : M. de Lafayette et tous les membres du Tiers-Etat se disposaient, par amour pour les transactions, à en faire une manifestation politique, une véritable fête de désordre. Le parlement, envoyé à Troyes, se récria contre la décision royale ;

et le ministère, toujours dominé par Malesherbes, tergiversant comme un vrai successeur des anciens Politiques, se prit à négocier avec les opposants, lui céda tout ce qu'il désirait et prit ainsi pour lui la route de l'exil, ouvrant au roi celle de l'échafaud.

Il y aurait bien des raisons de s'étonner de tant de ménagements avec une corporation rebelle, si l'on n'ignorait l'influence des Parlementaires et celle de M. de Malesherbes sur l'esprit de Louis XVI. Le résultat de toutes ces mesures légales, annulées par les mauvaises dispositions des conciliateurs, toujours empreints d'un caractère d'opposition, fut que l'autorité royale était chaque jour plus affaiblie. Il serait trop long d'énumérer ici toutes les manœuvres d'insubordination dont se rendit coupable le parti du Tiers-Etat ; qu'il nous suffise de dire que de modération en modération, de concession en concession, ce parti força le roi, dont il exaltait la grandeur et la majesté, à convoquer les Etats-Généraux, puis arrivèrent successivement la Constituante, la Législative et enfin l'Assemblée générale de la *bourreaucratie*.

Dans ces diverses Assemblées, si nous en exceptons une minorité composée d'hommes de cœur et d'honneur, les royalistes votèrent et parlèrent trop souvent contre la véritable autorité du monarque. Les plus dévoués au catholicisme éclairé, ferme et sérieux, ne se montrèrent pas toujours d'intrépides défenseurs de la foi nationale. En cela, ils furent trop souvent les imitateurs de la lâcheté des Politiques du XVIe siècle et ils aboutirent à une Saint-Barthélemy dont ils furent les tristes victimes.

Le roi, dépassé, presqu'annihilé par les intrigues du parti du Juste-Milieu, ayant tout cédé de son autorité, tout accordé de sa dignité aux ambitieux qu'il fallait satisfaire, fut à la fin acclamé par l'Assemblée et puis par le peuple. On cria : Vive le roi ! la veille du jour où cette courageuse Assemblée allait prononcer sa mort ! Il y eut toutefois à remarquer que le peuple mettait encore son cœur dans ses affectueuses acclamations, quand l'Assemblée, dans ses cris de joie, cachait ses sinistres et hypocrites satisfactions. Au surplus, Louis et Marie-Antoinette ne devaient plus retrouver l'expression de cette populaire affection à laquelle ils attachaient un si grand prix. Le lendemain devait être le 10 août ! A partir de cette époque, l'infortuné monarque ne rencontra plus guère devant lui que des modérés troquant contre de l'or une fidélité de tout temps douteuse, livrant à leurs bourreaux le père, la mère, les enfants et la famille entière, pour conserver, soit l'or mendié dont ils avaient rempli leurs poches, soit les riches abbayes dont ils avaient dépouillé l'église où reposaient les cendres de leurs aïeux.

La plus grande partie de l'Assemblée n'était certainement pas composée de monstres aux lèvres souriantes ; un grand nombre était de fort honnêtes gens, auxquels les crimes à commettre auraient fait horreur, s'il leur eût été donné de les prévoir, et surtout s'ils eussent eu le courage de résister à qui les menaçait ; mais leurs forces faiblirent en présence des atrocités dont Paris était le théâtre ; ils tremblèrent devant les féroces harangues des tigres dont ils étaient environnés et, comprenant que leurs mielleuses concessions ne les empêcheraient pas d'être dévorés, ils abandonnèrent en courant la proie dont les bêtes féroces avaient soif. Les Girondins abhoraient ces sacrifices de cannibale ; ils s'étaient promis de sauver les victimes et, le lendemain, tremblant de frayeur, ils s'inclinèrent lâchement, consentant ignominieusement au sanglant holocauste.

Dans ces journées à jamais néfastes, les uns participèrent au crime par scélératesse et les autres par crainte. Combien, parmi ces derniers immolèrent, en gémissant, leur conscience et leurs sentiments, afin d'échapper aux cannibales altérés de sang ! Ce jour-là, ils ressemblèrent à

Pilate ; celui-ci répondit aux juifs qui lui présentaient le Christ et sollicitaient contre lui une sentence de mort : « Mais le Christ, votre roi, n'est pas coupable, disait le juge. » — « Si vous ne le condamnez pas, nous vous dénoncerons à César, » répétaient violemment les juifs. Pilate eut peur d'être livré à César, et Pilate prononça la sentence. Combien, parmi les honnêtes gens de la Convention, se dirent aussi, en présence de Louis XVI : « Mais il n'est pas coupable, pourquoi le condamnerais-je? » Une affreuse bande de hurleurs criait aussi : « *Morte moriatur*, *crucifige cum*, ou bien nous vous livrerons à César. » Or, César était la féroce populace dont l'appétit sauvage n'était pas assouvi après avoir dévoré plusieurs milliers de victimes. César était à la porte écoutant et attendant. Ces rugissements ébranlaient les voûtes de la salle ; les hurlements d'impatience glaçaient d'effroi ceux-là mêmes qui les avaient excités. Tous ces hommes, ne se croyant pas suffisamment abrités par les murailles de leur antre, se prirent à trembler, et, réfléchissant qu'il était bon qu'un seul mourût pour le peuple, ils prononcèrent la sentence de mort. On leur demanda deux autres victimes à égorger, ils accordèrent ces deux nouvelles victimes ! Restait un pauvre petit agneau à dévorer, les lâches livrèrent l'agneau à la griffe d'une bête immonde. Naguère, l'amour du roi sauvait le peuple ; cette fois, il fallut, pour opérer cette rédemption, que le peuple se mit lui-même à égorger un innocent, deux anges et un agneau !

Encore si le rachat eût été opéré ! Mais il y a de cela plus de quatre-vingts ans : la rançon a été payée, la délivrance du peuple a-t-elle été opérée ? Qui comptera les torrents de larmes et de sang versés sans avoir pu encore désaltérer les petits de la famille des tigres ? Qui rendra au peuple de France le bonheur et la paix ?

CHAPITRE VI

LOUIS XVIII ET CONSIDÉRATIONS GÉNÉRALES. 1830.

M. de Broglie déclara, devant les Pairs, qu'il venait de parcourir Paris..., que si le nom de Charles X était seulement prononcé, on nous couperait la gorge à tous. « C'est vrai ! » murmuraient d'une voix sourde *les prudents*, en secouant la tête. Telle était aussi l'opinion de M. le duc de Caraman. « Pourquoi donc lui dis-je ? M. de Broglie nous a dit que, dans toutes les rues de Paris, il a vu les dispositions hostiles au roi : Moi, je viens de parcourir Paris, et j'y ai vu 3.000 jeunes gens criant : *Vive la Charte ! Vive le Roi !* » Je soutiens, moi, que rien n'est perdu... La question n'est pas de considérer s'il y a péril ou non, mais de rester fidèles à nos convictions. Comment ! dans tout le cours de notre vie, il se présente un seul jour où nous avons l'occasion de descendre sur le champ de bataille, et nous n'accepterions pas le combat ? Donnons à la France l'exemple de l'honneur et de la loyauté ; empêchons-la de tomber dans des combinaisons anarchiques où sa paix, ses intérêts réels et ses libertés iraient se perdre. Le péril s'évanouit quand on ose le regarder.

On ne répondit point ; on se hâta de lever la séance. Il y avait une impatience de parjure dans cette Assemblée que poussait une peur intrépide ; chacun voulait sauver sa guenille de vie, comme si le temps n'allait pas, dès demain, nous arracher nos vieilles peaux, dont un juif bien avisé n'aurait pas donné une obole.

CHATEAUBRIAND.

Plusieurs fois déjà notre pays a compté sur la solidité d'une prospérité naissante, et chaque fois les espérances ont été suivies de décevantes illusions ; c'est que chaque fois les Centres de nos Assemblées se sont laissés entraîner, les uns par les dangereuses doctrines philosophiques, les autres par les doucereuses paroles des prétendus libéraux. Ceux-ci parlant au nom des besoins humanitaires qu'ils ne comprennent pas, quoiqu'ils se donnent pour leurs défenseurs, ceux-là n'ayant à la bouche que le grand mot de liberté dont l'état social aurait besoin. Tous ensemble prodiguant d'hypocrites louanges à la religion et à la royauté, dont ils prêchaient la nécessité; au fond, tous ces braves gens conduisaient au double anéantissement du trône et de l'autel, à la désorganisation inévitable de l'ordre social.

Il me semble que tout ce que je vois est inexplicable, que toute cette fantasmagorie tient à une espèce de folie. Avec tous ces votes incertains, faibles ou pusillanimes, les Centres ont amené le martyre de la famille royale et celui de la France. Ils ont encouragé la fièvre révolutionnaire et, avec elle, l'assassinat du duc de Berry, l'illustre père du roi Henri V. Sous le règne de Louis XVIII, la monarchie avait fait un pas de géant, c'était le triomphe à peu près complet du principe légitime et de ce qu'il contient dans son sein de plus favorable à la stabilité de l'ordre social. Le roi gouvernait avec une sagesse et une fermeté capables de rassurer les honnêtes gens et de donner un brillant essor aux affaires publiques; mais ceux qui ne comprenaient pas que cette sagesse était fondée sur les vrais principes civilisateurs, mais les passions comprimées et mal éteintes, mais les vanités déçues, mais les ambitions secrètes, mais les jalousies politiques murmuraient tout bas sur les places publiques et tout haut dans leurs assemblées conspiratrices ! « Cet état de choses pourra « durer pendant la vie de Louis XVIII, mais vous ver- « rez un changement de règne, et nous comptons sur « lui. » Qui tenait ce triste langage ? Les Centres, toujours les Centres ! Qui fortifiait ainsi l'esprit révolutionnaire ? Les Centres dont les raisonnements à perte de vue furent toujours opposés à l'action de l'autorité dont ils étaient heureux de prévoir la chute qu'ils préparaient d'un commun accord.

C'est bien, je le crois du moins, de cet aveugle parti

que sont sortis les Royer-Collard, les Odilon-Barrot, les Casimir Périer, les Audry de Puyraveau, les Laffite, etc., etc., demandez-le à M. Thiers qui était alors soudoyé par ce dernier, et avec eux sans vouloir être pour eux, MM. Feutrier, Martignac, etc., etc., tous royalistes et catholiques, travaillant, à force de fatales transactions, à la ruine des principes religieux. Ce sont bien eux qui, avec leurs condescendantes transactions, ont amené la chute de Charles X, après avoir aveuglément flatté les passions anarchiques au lieu de les étouffer sans aucun ménagement. Les malheureux faisaient supprimer les jésuites et fermer les écoles diocésaines ; ils anéantissaient la religion, et ils croyaient donner au peuple un roi fait à leur image !

Mgr de Frayssinous, ministre de l'instruction, se laissa prendre un jour aux mielleuses paroles de la Gauche et du Centre. Avec la confiance de convaincre la mauvaise foi à force de logique et de calmer les fureurs à force de modération, il se laissa entraîner par les hommes qu'il avait en face, tels que les Labbey de Pompières, les C. Perrier, les Dupin, les Isambert et autres députés appartenant au même système hypocrite. Ce sage ministre avait oublié ce qu'il avait dit lui-même : « Il y a des temps de vertige où la raison ne saurait se faire entendre. » Comme Mgr de Frayssinous se flattait d'avoir éclairé les députés du Centre, un homme grave lui répondit : « Tout cela serait « très-bien, si l'on procédait de part et d'autre avec bonne « foi ; mais quand la haine est au fond du cœur de ceux « qui s'en prennent à l'Eglise, et qui n'ont en vue que « le triomphe d'un libéralismé irréligieux, vous ne les « avez pas vaincus, mais peut-être leur avez-vous fourni « l'espoir de vous vaincre. » Mgr de Frayssinous ne tarda pas à s'apercevoir que son interlocuteur avait raison. Quelques jours plus tard, M. Portalis déclarait qu'en signant les ordonnances contre les jésuites et contre les petits séminaires, il n'avait d'autre regret que celui d'y voir certains ménagements qui ne les écrasaient pas entièrement ; ce qui fit que l'Evêque d'Hermopolis tint ce langage au roi Charles : « Sire, quels sont les ennemis acharnés des jésuites et de nos séminaires? Ce sont les protestants, les jansénistes, les impies, les révolutionnaires de la Gauche et du Centre gauche, les plus grands ennemis de la religion catholique et des Bourbons. »

D'accord avec M Portalis, M. Dupin se posa d'abord en intrépide défenseur des libertés publiques, puis il demanda au nom *du droit public français* que la direction et l'enseignement des écoles *ecclésiastiques* ne fussent plus confiés aux soins des *ecclésiastiques !* Labbey de Pompières, dans la séance du 14 juin 1828, reprocha aux ministres « d'avoir appelé en secret des professeurs que les « lois désignent comme des ennemis de l'Etat ; d'avoir « couvert le pays de séminaires et de congrégations pour « nous replacer sous le joug de Rome. »

Ce langage immodéré faisant hésiter le roi. Un personnage politique, appartenant au Centre de l'Assemblée, vint lui faire cette déclaration : « Il y va, Sire, de votre couronne, et la tempête soulevée à propos des petits séminaires pourrait bien engloutir le vaisseau de l'Etat. » Cette dernière considération décida la publication des fameuses ordonnances. Toutefois, avant d'apposer sa signature, le pieux et bon Charles X fit appeler Mgr de Frayssinous, lui opposa les douleurs de sa conscience et attendit une réponse consolatrice ; la réponse fut désolante et le roi, qui était resté debout jusques là, s'est assis et a proféré ces propres paroles : « J'ai examiné, j'ai bien « réfléchi, j'ai prié Dieu de mon mieux de m'éclairer, et « je suis resté convaincu que, si je ne prenois pas cette me- « sure, je pouvois compromettre le sort du clergé et, « peut-être même celui de l'Etat. »

Il est donc bien évident que le Centre gauche, pour

obtenir les mesures les plus hostiles à la religion, promettait aux ministres l'appui de leurs plus intimes convictions et que, les concessions ministérielles obtenues, il menaçait le roi d'une révolution capable de renverser le trône !

Les ministres furent gagnés par de menteuses promesses, le roi fut effrayé par d'épouvantables menaces et le trône fut renversé !

Tout se fit, à cette époque, dans un but hostile à la religion et au roi. Ce fut l'esprit d'opposition, la lutte entreprise pour le triomphe des prétendues idées libérales, qui fit naître, en 1827, la Société pour l'instruction élémentaire du département du Rhône, et non pas la Société d'instruction, comme elle se nomme illégalement aujourdhui. Qu'importe, au surplus, la dénominative? Ce qu'il y a de certain c'est que la Société fut créée en haine de l'enseignement religieux.

Charles X, victime du mensonger libéralisme des Centres coupables d'une hypocrite religiosité, partant pour l'exil d'où son héritier n'est pas encore revenu, laissa à la France la terre africaine. Quelle fut la conduite des Centres vis-à-vis de cette conquête? Pour le savoir, il suffit de consulter les mémoires du maréchal Clauzel.

« Le cabinet du 6 septembre fut à peine installé que « commencèrent les hésitations, les dénégations, les « contre-ordres qui ont été les véritables obstacles au « succès de l'expédition de Constantine. Ce ministère se « retire et fait place à celui du 22 février, qui déclare ne « pouvoir plus engager sa responsabilité vis-à-vis de la « Chambre, *où dominaient les Centres*. La conservation « de la colonie n'était pas dans la volonté du pouvoir, sou- « tenu dans les Chambres par *les partis du Centre*. Je les « accuse de ne pas vouloir garder Alger, et jusqu'à ce « qu'ils soient venus le jurer de manière à ce que per- « sonne n'en puisse douter, même les puissances étran-

« gères, je dirai qu'ils travaillent secrètement à cet aban-
« don. C'est une volonté secrète, mais tellement engagée
« qu'ils font tout pour y arriver. »

Les membres du *Centre* n'avaient, dans cette affaire, aucun souci de l'honneur national, qu'ils ne pouvaient pas respecter après avoir banni le prince qui l'avait victorieusement défendu. Ils étaient cependant d'accord avec quelqu'un. Avec qui pouvaient-ils s'entendre pour humilier la patrie ?

Puisque Charles X est mort dans l'exil qui lui fut préparé par les Centres, disons que, pendant son règne, il a été mille fois acclamé par une foule enthousiaste. Était-ce bien le même peuple que celui de 93 ? Oui, c'était bien le même peuple, mais le peuple guéri, le peuple désabusé. Il avait été poussé par d'ambitieux raisonneurs à chercher la liberté à travers des calamités inouïes, et il n'avait rencontré qu'une gloire couverte de deuil : ses princes légitimes devaient seuls lui donner le bien que des tribuns factieux lui avaient dérisoirement promis. Quand ce bien fut entre ses mains, les ergoteurs politiques chassèrent les princes ; où est allé le bonheur, où la prospérité, où la gloire ?

Nous en sommes encore au même point : les tribuns factieux ne manquent pas à la France, les députés timides et incertains remplissent l'Assemblée nationale. Où sont les princes légitimes ? Le roi légitime s'est présenté à notre porte, tenant dans ses mains le bien autrefois donné, le bien après lequel aspire le peuple. Quels hommes lui ont dit : « On ne passe pas, vous êtes désormais impos-
« sible sur le trône de vos ancêtres ? » Quels hommes. sinon ceux dont les ancêtres politiques ont plus d'une fois livré la France à l'Allemagne et à l'Angleterre, en conspirant contre la monarchie ? Quels hommes, sinon ceux dont les pères, n'osant pas défendre la tête du roi contre la hache du bourreau, sont devenus impuissants à

protéger la France contre le pillage et contre le meurtre, contre d'immondes courtisanes mises à la place de Dieu?

Encore une fois, ces hommes étaient trop honnêtes pour chercher un aussi monstrueux résultat; mais quand le mal se présenta, quand les mauvaises passions furent déchaînées, ils se trouvèrent trop faibles pour dire au mal: « On ne passe pas! » Ils n'ont eu courage et force que pour consigner à notre porte le génie du bien. Quoiqu'ils en puissent dire, les hommes politiques des Centres d'autrefois et ceux des Centres d'aujourd'hui n'eurent jamais ni principe religieux, ni principe monarchiste. Si quelqu'un nous accusait d'erreur ou de mensongère exagération, voici ce que nous répondrions:

Il est arrivé, l'année dernière, un jour où la France éperdue, après les plus cruelles défaites, après les épouvantables crimes de la Commune de Paris, croyait revoir Henri sur le trône de ses aïeux. L'immense majorité de la plus saine partie du peuple était dans la joie, l'immense majorité de l'Assemblée nationale partageait ce sentiment national; quoiqu'on en pense et quoiqu'on en dise, le roi était là! Le roi n'est plus là! Ceux qui se réjouissaient alors sont aujourd'hui dans la désolation. A qui la faute? Au Centre droit et au Centre gauche. Les membres de ces deux partis sont, comme toujours, incapables d'empêcher le mal et impuissants à faire le bien.

Avant d'ouvrir la barrière au roi, on lui a demandé son passeport, sa couleur et des garanties, puis on avait des conditions à lui faire accepter.

Henri a répondu: Je suis le Fils de la France! mon passeport, qui date de dix siècles, a été visé par vingt générations, la gloire l'a signé sur nos drapeaux et sur nos navires victorieux. Les pères de quelques-uns d'entre vous ont vu mon nom écrit avec le sang de mon père au-dessous et à la suite des signatures de mes aïeux. Ma couleur est blanche comme l'hermine; si vous y trouvez des taches de sang, c'est que mes prédécesseurs ont versé le leur pour la gloire de la France ! Regardez bien ce drapeau : il nous a donné l'Alsace et la Lorraine, que vous venez de perdre sous votre étendard de révoltés. Vous me demandez des garanties ! Mais je vous offre dix siècles des plus glorieuses garanties ; je vous offre des lauriers plus que n'en pourraient porter vos mains débiles et tremblantes ; je vous offre tous les bijoux, tous les biens de la couronne que vous me marchandez, ils viennent de mes aïeux qui en ont fait cadeau à la France. Gardez pour vous ceux qui vous viennent d'une spoliatrice anarchie, laissez à la France ceux qu'elle a reçus de ses rois.

Vous vous donnez le droit de m'imposer des conditions écrites dans une constitution ! Mais, depuis quatre ans, vous en parlez sans cesse sans en avoir jamais arrêté le premier mot. Où avez-vous écrit la première ligne de cette œuvre dont vous ne serez jamais les pères, parce que vous êtes impuissants à rien créer. Je vous montrerai les ruines que vous avez faites, montrez-moi ce que vous avez édifié. Vous me refusez le droit de retrouver dans ma patrie les vertus, la gloire et les droits de mes pères ; vous rougiriez peut-être de me montrer les dégoûtants oripeaux que vous avez substitués à leur royal manteau ! Mais, ne craignez rien, je suis du sang de saint Louis, et ce sang aime à pardonner, même sur l'échafaud, même sous le poignard des assassins ! Je suis Henri de France, faites-moi place, car je veux entrer dans ma France et lui rendre le bonheur que lui ont fatalement dérobé mes ennemis et les siens.

Nous savons donc d'une manière certaine à quel parti nous devons d'avoir laissé à terre une couronne que la France avait soif de relever.

Pour se disculper, le parti coupable s'en va disant que la légitimité est impossible ; mais il n'a pas encore fait connaître la cause de cette prétendue impossibilité. Au reste, qui lui en a parlé ? Je comprends jusqu'à un certain point ce langage de la part des radicaux, je le comprends dans la bouche de la démagogie. Ces partis représentent, avec leur ordinaire frénésie, Robespierre, Marat, Danton et compagnie. Pour eux, toute monarchie est impossible, si elle ne les fait ni princes, ni ducs ; pour eux, la religion est un fanatisme et la monarchie une tyrannie. Ni Dieu, ni roi, ni ordre, ni vertu, telle est leur doctrine. Il ne saurait en être ainsi des membres du Tiers-Parti, Centre gauche ou Centre droit. Ces Politiques veulent la religion, voire même le catholicisme ; écoutez-les parler des principes religieux dans les sociétés éclairées. Au sein de leurs familles, personne ne sait mieux qu'eux exprimer la pure doctrine de l'Eglise. A les écouter, on se sent épris des idées les plus douces et les plus consolantes ; les commandements de Dieu et de l'Eglise deviennent des choses sacrées qu'il faut accepter, auxquelles il est nécessaire de se soumettre. Ceci était bon hier ; aujourd'hui tout est changé : ils ne sont plus dans leurs sociétés de famille ou d'amis, les voilà dans l'Assemblée nationale ; ce ne sont plus les mêmes hommes, il fait nuit au lieu de faire jour ; Dieu n'est plus visible, et les devoirs les plus sacrés ont disparu dans l'ombre. Le Ciel a prescrit le repos du dimanche, l'Eglise a parlé après le Ciel et comme lui. Une voix a demandé que ce commandement divin fût de nouveau consacré par la loi civile, et la demande paraît si juste qu'elle ne semble pas devoir donner lieu à la plus simple discussion. Les Centres savent si bien parler de Dieu et de l'Eglise ! l'Assemblée nationale et le salon, la vie publique et la vie privée peuvent-elles faire deux consciences ? Non, assurément, et cependant c'est ce que nous avons eu la douleur de voir, il y a peu de mois. Les députés sans Dieu ont dit : « La loi « divine ordonnant le repos du dimanche est une sottise « dont nous avons appris à rire. » Ceux de la droite ont répondu : « Cette loi, déjà consacrée par la législation « française, doit être de nouveau consacrée par la loi « civile, parce qu'une loi civile, pour être vraiment so- « ciale, ne peut pas donner un démenti à la loi reli- « gieuse », et toute la Droite a répondu : Oui ! — Qu'a répondu le Centre droit ? *Rien !* Cette partie de l'Assemblée n'a pas osé défendre Dieu en présence de ceux qui le renient. Religieuse dans le sein de sa famille, elle s'est montrée impie dans sa vie publique ; royaliste dans ses salons, elle a renié le roi dans l'Assemblée.

Si, du moins, cette partie de l'Assemblée pouvait nous dire ce qu'elle est et ce qu'elle veut, nous saurions à quoi nous en tenir lorsqu'elle sollicite nos suffrages ; mais cette loyale révélation lui est interdite. — Etes-vous républicains, demande-t-on à chacun d'eux ? « *Non,* » répondent-ils tous à l'unisson. — Etes-vous monarchistes ? « Oui, » s'écrient-ils à haute voix. — Pourquoi donc votez-vous contre Dieu et contre le roi ? « Parce que nous « sommes conservateurs ! » — Vous êtes conservateurs de qui et de quoi ? d'un monarque que nous n'avons pas, et alors vous voulez le conserver dans l'exil ; de l'ordre matériel qui n'existe que par l'énergique volonté d'un chevalier sans peur et sans reproche ; mais l'ordre moral n'est pas le produit de la force, et cependant il est seul capable de produire l'ordre social. Quoi donc voulez-vous conserver ? La tranquillité de votre foyer domestique et votre fortune, menacées l'une et l'autre par l'avalanche démagogique dont les sourds mugissements ressemblent à ceux de 93 ! Cette crainte vous force à voter hardiment pour le mal ou à vous abstenir de voter. Comme en 93, la crainte a forcé un grand nombre de conventionnels à ne pas voter dans le criminel procès de Louis XVI, ou à voter pour son supplice. Ces derniers voulaient conserver leur fortune et leur tranquillité. Les ont-ils conservées ? Vous votez comme eux, poussés par la même lâcheté.

Conserverez-vous mieux qu'eux votre fortune et votre tranquillité ? Non, mille fois non ! Les mêmes causes produisent infailliblement les mêmes effets. Sacrifiez tant que vous le voudrez, toutes les vérités, abaissez tant que vous le voudrez la dignité de votre conscience, vous ne trouverez jamais ni votre bonheur ni votre honneur ! Aussi petits que vous vous fassiez, seriez-vous courbés jusqu'à terre, vous ne serez jamais ni assez humbles ni assez petits pour que le crime ne trouve pas un jour votre tête ! Il a bien trouvé celle de Louis dans les cachots de La Tour et celles des Girondins dans l'ombre où ils se préparaient à mourir. Les Girondins avaient jeté la famille royale en pâture aux féroces appétits d'une populace ivre de sang ; vous lui jetez en pâture Dieu et la société. Vous ne conserverez rien de plus et vous perdrez autant qu'eux ; vous caressez le désordre et vous parlez de conserver l'ordre ! Votre conduite ne serait que dérisoire, si elle était moins coupable.

En matière religieuse, l'idée la plus effrayante, aux yeux de nos députés des Centres, est assurément celle de la résurrection du pouvoir temporel des Papes ; ils en ont peur aujourd'hui parce qu'ils ne voient que des fantômes dans la vieille histoire pontificale ; son action leur apparaît sous les plus sombres couleurs, tandis qu'elle fut le triomphe de la lumière et de la civilisation. M. Ranke, l'un des plus habiles historiens de l'Allemagne protestante, en avait la conviction et s'exprimait ainsi dans ses Etudes sur le Pontificat :

« C'était une belle souveraineté que celle que les Innocent et les Grégoire osèrent fonder sur la pensée. Magnifique sceptre, tyrannie violente, mais non odieuse ! Elle payait en services ce qu'elle enlevait en indépendance. Elle n'écrasait les hommes que pour les éclairer, non pour les avilir. On pouvait pardonner beaucoup à qui faisait au monde de tels présents. « Respectez-moi, soumettez-vous, obéissez, disait-elle ; en échange, je vous donnerai l'ordre, la science, l'union, l'organisation, le progrès et même, autant que cela est possible dans une telle époque, le calme et la paix. » Rien d'étroit, rien de personnel, rien de barbare dans cette domination souveraine. Elle reculait les bornes du monde chrétien, s'opposait aux envahissements de l'islamisme, contre-balançait par un pouvoir intellectuel et moral, le pouvoir brutal et sanglant des sceptres de fer et des lances d'airain! D'une main, la Papauté luttait contre le Croissant; d'une autre, elle étouffait les restes du paganisme énergique du septentrion. Elle ralliait comme autour d'un point central et vivant les forces morales et spirituelles de l'espèce humaine. Elle était despote comme le soleil qui fait rouler le globe. La barbarie et la férocité universelle tendaient à tout désorganiser: elle faisait tout revivre. Elle insultait, dit-on, les diadèmes des rois et les droits des nations; elle posait son pied insolent sur le front des monarques. Rien n'existait sans la permission de Rome! sans doute; mais cette domination présomptueuse était un bienfait immense. La force de l'esprit contraignait la force brutale à plier devant elle. De tous les triomphes que l'intelligence a remportés sur la matière, c'est peut-être le plus sublime.

« Que l'on se reporte au temps où la loi, muette, prosternée sous le glaive, rampait dans une boue ensanglantée. N'était-ce pas chose admirable, de voir un empereur allemand, dans la plénitude de sa puissance, au moment même où il précipitait ses soldats pour étouffer le germe des républiques d'Italie, s'arrêter tout à coup et ne pouvoir passer outre; des tyrans, couverts de leurs armures, environnés de leurs soldats, Philippe-Auguste de France ou Jean d'Angleterre, suspendre leur vengeance, et se sentir frappés d'impuissance?... A la voix de qui, je vous prie? A la voix d'un pauvre vieillard habitant une cité lointaine avec deux bataillons de mauvaises troupes, et possédant à peine quelques lieues de territoire contesté ! N'est-ce pas un spectacle fait pour élever l'âme ; une merveille plus étrange que toutes celles dont la légende chrétienne est remplie ? »

Cette opinion sur le pouvoir temporel des Papes, si hautement et si noblement exprimée par l'illustre professeur allemand, n'est-elle pas une leçon donnée aux députés catholiques de France ? Si ces Messieurs voulaient se donner la peine d'y réfléchir, auraient-ils peur des niaises railleries de l'ignorance, ou de celles des passions sans frein de l'impiété ? De pareils enseignements doivent donner à chacun de nous le courage d'être ce que nous sommes et de défendre hardiment nos convictions.

Le Pape à redouter et à délaisser ! Mais, la veille de nos derniers malheurs et pour les détourner, n'écrivait-il pas au roi Guillaume cette simple et touchante lettre :

« MAJESTÉ,

« Dans les graves circonstances au milieu desquelles « nous nous trouvons, il vous semblera peut-être éton- « nant de recevoir une lettre de moi... afin d'empêcher « les maux qui en sont l'inévitable conséquence.

« Ma médiation est celle d'un Souverain qui, en sa « qualité de Roi, ne peut inspirer aucune jalousie, par suite « de l'exiguité de son territoire, mais qui inspire confiance « par l'influence morale et religieuse qu'il personnifie.

« Que Dieu exauce mes vœux et qu'il exauce égale- « ment ceux que je fais pour Votre Majesté, à laquelle je « désire être uni par les liens de la même charité.

« PIE IX.

« Au Vatican le 22 juillet 1870.

« *P. S.* J'ai également écrit à S. M. l'Empereur « des Français. »

Et le roi Guillaume répondait le 30 du même mois :

« TRÈS-AUGUSTE PONTIFE,

« Je n'ai pas été surpris, mais profondément ému en « lisant les paroles touchantes, écrites de votre main « pour faire entendre la voix du Dieu de la paix.

« Comment mon cœur pourrait-il rester sourd à un « appel aussi puissant ? Dieu m'est témoin que ni moi « ni mon peuple n'avons désiré ni provoqué la guerre. « Si Votre Sainteté, pouvait m'offrir de la part de celui « qui a si inopinément déclaré la guerre, l'assurance de « dispositions sincèrement pacifiques et des garanties « contre le retour d'une semblable violation de la paix « et de la tranquilité de l'Europe, je ne refuserais certai- « nement pas à les recevoir des mains de Votre Sainteté, « uni comme je le suis avec vous par les liens de la cha- « rité chétienne et d'une sincère amitié.

« GUILLAUME. »

Pie IX s'agenouille devant le roi de Prusse pour l'implorer en faveur de la France, et nous Français, nous maudirions la main paternelle qui nous protége !

Ce n'est pas le pouvoir pacifique du Pape que nous devons redouter, mais bien la sauvagerie d'une démocratie en délire. Les Politiques du XVIe siècle en eurent peur et ils la ménagèrent. Trompés par d'hypocrites ambitieux, ils ne voulurent voir en eux que des hommes courant pieusement après la liberté de prier Dieu à leur aise, tandis qu'ils tendaient la main à des rebelles s'apprêtant froidement et systématiquement aux plus sanglantes guerres civiles et à l'envahissement du pays par les drapeaux étrangers.

Les conspirateurs français avaient bien les mêmes principes que leurs frères d'Allemagne : leur foi n'était pas la même, si vous le voulez, mais leurs doctrines s'appuyant également sur des principes destructifs de l'ordre social, devaient aboutir aux plus désastreuses conséquences. Que se passait-il, en effet, dans l'Empire allemand quand la France était en feu ?

Luther poursuivait avec fureur tous les prélats ; il les nommait, en chaire, des voleurs et des fripons. Or, ces prélats étaient souvent les maîtres temporels des peuples, qui avaient à leur payer des redevances, des impôts, des droits de toute espèce. Ces prédications avaient pour but d'entraîner les populations à refuser le paiement de l'impôt. Menzel, disciple de Luther, reconnaît positivement que la parole de son maître n'était pas seulement une parole religieuse, mais une parole politique, qui devait à la fin jeter des germes de révolte parmi les populations. Ses manifestes étaient des hymnes de révolte, dans lesquels les pauvres paysans donnaient tête baissée, croyant l'aurore levée où la tyrannie monarchique et papale allait descendre au tombeau. Aussi, portaient-ils partout la bannière de la révolte. Hutten, l'un de leurs prédicateurs, se servait de son épée et de sa plume pour les encourager au pillage et au meurtre. Ces malheureux n'étaient que de grossiers instruments dont les nobles allemands se servaient pour voler les richesses du clergé, au nom du ciel et de la liberté. Ils lisaient à leurs vassaux les manifestes de Luther et gardaient pour eux les riches abbayes des églises.

Au moment où la Saxe était pleine de mouvements insurrectionnels, Luther, qui voulait en faire porter la peine aux princes, s'adressa à la noblesse d'Allemagne.

« A vous d'abord la responsabilité de ces tumultes et séditions... Vous qui vous obstinez à pressurer, déchirer et dépouiller. Le temps est venu, mes bons seigneurs, où l'on s'apprête à vous jeter bas. Si vous n'y prenez garde, on emploiera la force brutale. Si les paysans ne s'étaient pas levés, d'autres seraient venus ; n'allez pas guerroyer avec eux, car vous ne savez pas comment cela finira. »

Les paysans répondirent à cet appel et se levèrent en masse. La Thuringe, l'Alsace, une partie de la Saxe, la Lorraine, le Palatinat se soulevèrent. Les champs étaient couverts de tentes rustiques d'où s'exhalaient des cris de guerre mêlés aux cantiques sacrés.

Münzer, mêlant sa voix à celle du maître, criait aux ouvriers : « Prenez vos marteaux et frappez, frappez à coups redoublés, employez contre les ennemis du ciel le fer de vos mines. »

Alors vous eussiez vu tous les arsenaux souterrains vomir des bataillons d'hommes tout noirs de fumée, armés de pêles, de pioches, de fers rouges et répondant à la voix qui les appelait par des cris de sang contre les nobles et les prêtres.

Münzer, s'adressant à d'autres frères en révolte, leur disait : « Voici le temps : les méchants seront chassés comme des chiens. Point de pitié pour des athées ; ils vous prieront, vous caresseront, pleurnicheront comme des enfants. Point de pitié, c'est le précepte de Dieu. Que le sang ne se refroidisse pas sur la lame de vos épées ! »

Luther avait formé l'orage et, commençant à en être effrayé, il essaya de le conjurer ; il le tenta, en secouant, dans leur sommeil, tous ces princes à demi-luthériens, à demi-catholiques, tous conservateurs qui dormaient dans la plume où ils croyaient avoir trouvé la tranquillité. Pauvres gens qui n'avaient montré de courage que pour fermer ou laisser fermer les couvents, pour en chasser ou en laisser chasser les nonnes tremblantes ou les moines infirmes ; pour abolir ou laisser abolir la messe et porter en cachette quelques coups de pied au catholicisme. Mais à cette heure que, les armes à la main, on leur demande la liberté de conscience et de plus leurs châteaux, ils sont effrayés, ils tremblent ; tout ce que Luther peut obtenir d'eux c'est qu'ils prieront les révoltés de consentir à une transaction.

Les paysans refusèrent dédaigneusement la prière que leur adressaient les conservateurs agenouillés. Luther se jeta devant les ouvriers armés de leurs marteaux, devant les laboureurs armés de leurs faulx et se prit à leur prêcher la soumission. Il est bon de connaître en quels termes ce prédicateur de la révolte essaya de calmer les passions qu'il avait déchaînées :

« Mes frères, leur disait-il câlinement, les princes qui s'opposent parmi vous à la propagation de vos lumières méritent de tomber du trône. Mais ne seriez-vous pas aussi coupables, si vous souillez vos mains et vos âmes du sang que vous songez à répandre. Je sais que Satan cache parmi vous, sous prétexte de l'Évangile, des hommes au cœur cruel, dont la langue irritée essaie de me déchirer, mais je les méprise... (Pauvre homme, dont la langue irritée avait déchiré le Pape et l'Eglise de Jésus-Christ, il lui convenait bien de se plaindre !) Hommes du glaive, vous périrez par le glaive ; en résistant à vos magistrats, vous résistez à Jésus-Christ. (Mais depuis plusieurs années, il avait prêché partout la révolte). Vous dites : « Le joug de nos maîtres est insupportable ; » brisons-le. Mais la loi naturelle défend de se faire justice. Vous la demandez au nom d'une autorité qui vous fût déniée. N'est-ce pas Luther qui l'a accordée à tous ceux qui ont voulu détruire les temples et les livrer au pillage ?

« Ne parlez pas de révélations qui autorisent votre révolte ! Où sont les miracles qui les attestent ? » Où étaient les siens quand il prêchait contre la doctrine catholique ? « Quoi ! l'esprit du Seigneur viendrait confirmer par des prodiges le larcin, le meurtre, le brigandage, l'usurpation du droit des magistrats ! » L'esprit du Seigneur l'animait sans doute lorsqu'il faisait brûler les monastères, chasser les moines, violer les religieuses, voler les églises et leurs biens et chasser les évêques ! « Que serait le monde si vous triomphiez? Un repaire de brigands, où régneraient la violence, le pillage, l'homicide... » C'est précisément ce qu'il a fait du monde où il a triomphé, c'est aussi ce qui s'est passé en France lorsque sa doctrine a pu s'y implanter au moyen de la révolte. « Plus de dîmes, criez-vous ! De quel droit les enlevez-vous à leurs légitimes possesseurs? » Les évêques n'étaient pas légitimes possesseurs des dîmes, puisque les en dépouiller était une bonne œuvre ; mais la possession était légitime entre les mains spoliatrices, il fallait payer celles que s'étaient appropriées Luther et ses disciples. « Vous voulez vous affranchir de l'esclavage, mais l'esclavage est aussi vieux que le monde. Abraham avait des esclaves... » Et Luther et ses disciples parlaient de liberté; assurément ils se moquaient du peuple quand ils en parlaient, ou bien ils se la réservaient et laissaient aux autres l'esclavage.

Paysans et ouvriers se mirent à rire de ce sermon et n'en crurent pas un mot; on leur avait si souvent enseigné le contraire !

Pour répondre à ces prônes du moine devenu désireux de la paix depuis qu'il était riche, Münzer lui envoya une page écrite par lui alors qu'il était pauvre : « Quiconque aidera de son bras, de sa fortune, de ses biens à dévaster les évêques et la hiérarchie épiscopale, est bon fils de Dieu, un vrai chrétien, qui observe les commandements du Seigneur.

Après avoir annoncé et prêché la guerre, le vol et l'incendie, il lui convenait peu de condamner ceux de ses élèves qui répandaient partout la désolation.

Osiander, qui connaissait bien la tactique de son ami, ne put s'empêcher de s'écrier un jour : « Pauvres paysans que Luther flatte et caresse, tant qu'ils n'attaquent que l'épiscopat et le clergé! Mais quand la révolte grandit et que les rebelles, se riant de sa bulle, le menacent lui et ses princes, alors paraît une autre bulle où il prêche le meurtre des paysans, comme il ferait d'un troupeau. Et quand ils sont morts, savez-vous comme il chante leurs funérailles? En se mariant avec une nonne! »

Et, à la voix d'Osiander, vient se joindre celle d'Erasme; voici ce qu'il lui écrivait :

« C'est en vain que, dans votre cruel manifeste contre les paysans, vous repoussez tout soupçon de révolte ; vos libelles sont là, ces libelles écrits en langue vulgaire, où, au nom de la liberté évangélique, vous prêchez une croisade contre les évêques et les moines. C'est là que repose le germe de tous tumultes. »

Mélanethon, le plus doux de tous les disciples de Luther, s'unissait à son maître pour accabler les paysans.

Il disait aux princes:

« Ces rustres sont en vérité déraisonnables ; que veulent-ils donc, ces hommes des champs qui ont encore trop de liberté ? Joseph charge le dos de l'Egyptien, parce qu'il sait bien qu'il ne faut pas lâcher la bride du peuple. »

Enfin, pour terminer l'exposé des idées anti-religieuses et anti-civilisatrices du moine défroqué, nous citerons quelques lignes d'une lettre écrite par lui à son ami Rühel: « A l'âne du chardon, un bât et un fouet ; c'est le sage qui l'a dit ; au paysan, de la paille et de l'avoine. Ne veulent-ils pas obéir ? le bâton et la carabine ; c'est de droit. Crions pour qu'ils obéissent, sinon point de pitié ; si on ne fait siffler l'arquebuse, ils seront cent fois plus méchants. »

Les paysans comprirent si bien cette barbare doctrine qu'au lieu de se soumettre, comme le voulait le moine révolté, ils se réunirent à Franckhausen afin de livrer leur dernière bataille à tous les princes qui s'y étaient réunis.

Thomas Münzer était le chef de cette armée improvisée. Tout le monde connaît le sanglant résultat de cette affreuse lutte; ce fut une boucherie plutôt qu'une lutte. Münzer, fait prisonnier, eût la tête tranchée par le bourreau, qui la planta sur une pique. Les princes inclinaient à la pitié, avant le combat, mais Luther avait dit quelques jours avant : « Point de pitié pour les paysans ! » Donc il ne voulait point de pitié !

La rébellion s'éteignit dans le sang de Münzer ; ses disciples s'éloignèrent en hâte d'une terre où la mort les menaçait à chaque pas. Dans le peu de temps que dura cette guerre des paysans, on compte plus de cent mille hommes tués sur les champs de bataille, sept villes démantelées, cinquante monastères rasés, trois églises incendiées et d'immenses trésors de peinture, de sculpture, de vitrerie, de caliograghie anéantis. S'ils eussent triomphé, la Germanie serait tombée dans le chaos : belles-lettres, arts poésie, morale, dogmes, pouvoir, auraient péri dans la même tempête. La révolte engendrée de Luther fut une fille désobéissante, du moins son père sut la châtier.

Deux voix ennemies du catholicisme élèvent contre Luther leur cri accusateur ; l'une du sacramentaire Hospinian, disant à cet homicide réformateur : « C'est toi qui as excité la guerre des paysans ; » l'autre de Memmo Simon, en appelant à la conscience des luthériens eux-mêmes, sur l'origine et la propagation de la sédition. Le dernier souffle de Münzer s'est exhalé en malédictions contre le réformateur. Erasme lui reproche en face d'avoir fomenté la révolte dans ses libelles, et lui-même appelle sur sa tête le sang innocent qui fut versé ; car, disait-il hardiment : « C'est moi qui l'ai versé par ordre de Dieu, et « quiconque a succombé dans cette lutte, est perdu de « corps et d'âme et appartient au démon. »

Ce sang innocent était un sang de paysan dont Luther n'avait point de pitié, car il ne lui était plus utile.

Tous ensemble obéissant aux fanatiques déclamations d'un moine apostat, ne se servaient des pauvres paysans que comme des instruments propres à favoriser leurs ambitieuses passions, sauf à les immoler comme des esclaves au moment où ils n'auraient plus en eux que des victimes.

En France, les Bouillon, les Condé, les Coligny et bien d'autres seigneurs, n'avaient pas d'autre but à atteindre ; comme les petits souverains allemands, ils avaient pour eux le parti des modérés, c'est-à-dire les Conservateurs et le Tiers-Etat de leur époque auxquels on faisait peur et qui raisonnaient leur frayeur ; pour eux encore se trouvaient des ouvriers et des paysans qu'il était facile de séduire en faisant miroiter à leurs yeux une liberté qui n'était pas pour eux. Les révoltés allemands ont produit, entre autres ruines, la guerre dite des Paysans, où, pendant une durée de peu de mois, plus de cent mille de ces malheurenx sont morts égorgés sur les champs de bataille, tandis que trois cent mille autres sont allés mourir de misère dans les forêts ou dans les pays étrangers.

En France, les révoltés, soutenus par nos philosophes conservateurs, ont occasionné les plus cruelles guerres civiles et, finalement, l'affreuse Saint-Barthélemy ! Dans les deux pays, en-deçà et au-delà du Rhin, paysans et ouvriers ont été les victimes des seigneurs assez orgueilleux pour faire la guerre à leurs souverains, bien souvent assez lâches pour tendre la main à la révolte ; les premiers ne sont peut-être pas les plus coupables.

Non, il ne s'agissait pas de guerres religieuses, mais de guerres civiles. Non, il ne s'agissait pas de la liberté de conscience du peuple, mais de la domination absolue de certains seigneurs trahissant la nation pour la dominer. Religion et peuple n'y étaient pour rien, à moins que ce ne fût pour détruire l'une et pour asservir l'autre.

Quant aux conservateurs politiques, auxquels nous avons fait l'honneur de nous représenter, et qui nous représentent si peu, voici en résumé ce que nous en pensons : Quelques souvenirs, quelques ambitions, quelques rêveries particulières à des esprits faux ou peu éclairés, fermentent dans l'obscurité de leurs consciences. Ce n'est pas que ces souvenirs, ces ambitions, ces rêveries représentent une opinion à laquelle il est indispensable d'obéir. Les hommes atteints de ces petites maladies se plaisent à s'y endormir sans songer au terrible réveil du lendemain ; ils ne veulent pas voir le but où certains politiques veulent les mener :

Un citoyen du Mans, chapon de son métier,
Etait sommé de comparaître
Pardevant les lares du maître,
Au pied d'un tribunal que nous nommons foyer.
Tous les gens lui criaient, pour déguiser la chose :
Petit, petit, petit.....

Vous, MM. les députés, dont la foi religieuse et politique, bien que souvent voilée, reste cependant connue de tous ; vous connaissez l'art de jeter du miel et des roses sur des opinions corrompues ou corruptrices de nos adversaires, entraînés et séduits que vous êtes par l'espoir de mettre fin à la gangrène dont la société devient chaque jour la triste victime. Hélas! votre espoir n'est qu'une illusion. Les roses jetées sur la boue ne lui sortent rien de sa corruption ; elles s'y corrompent elles-mêmes, et si ce travail de décomposition s'opère trop lentement, un grossier manœuvre, armé d'une bêche sans pitié, viendra briser leurs dernières feuilles en se riant de leur sourire désolé.

Il en sera de même de vos discours académiques : ils ne changeront rien aux opinions qui nous perdent, ils n'arrêteront pas les révolutions dans leur marche, et les révolutionnaires viendront un jour, la hache à la main, démolir la tribune d'où sont tombées toutes vos séduisantes théories et toutes vos conciliatrices transactions. Je vous le dis comme on l'a dit à M. de Frayssinous : « Tout cela serait très-bien si l'on procédait de part et d'autre avec bonne foi ; mais quand la haine est au fond du cœur de ceux qui s'en prennent à l'Eglise, et qui n'ont en vue que le triomphe d'un libéralisme irréligieux, vous ne les avez pas vaincus, mais vous leur avez fourni l'espoir de vous vaincre.

Vous savez où est la montagne, vous êtes le marais.

Marais, prends garde à la montagne !

Il n'est plus temps de se le dissimuler. La marche que suit à l'Assemblée le Centre droit, peut conduire à une nouvelle catastrophe. Se suspendre un moment aux parois des abîmes est chose possible, mais il faut finir par y tomber. On sent que l'embarras est grand pour des hommes qui se préfèrent à leur patrie : ils seraient si peu une fois hors du pouvoir que nous leur avons donné ! Si l'on pouvait croire, de leur part, à un dessein suivi, à un enchaînement de principes dans un système qui, jusqu'à présent, n'a marché que par bonds et n'a su donner que des saccades, on devrait s'attendre à une série d'actes monarchiques ; mais il n'y a chez eux révélation d'aucun principe arrêté, d'aucune mesure marchant droit au même but. Au milieu des consciences muettes, une conscience qui parle est fanatique. La vertu qui se réveille importune le devoir qui dort ; une courageuse action est une leçon insolente pour ceux qui n'ont pas la force de la faire.

Quelquefois parmi les membres de nos Centres législateurs, des chefs se présentent pour conduire les demeurants de 89. Ce sont des hommes de talent, mais qui aiment à sortir de la foule ; ils se mettent à prêcher le passé révolutionnaire à la tête d'un petit troupeau de survivanciers ; le paradoxe les amuse. Ces esprits distingués, qui arrivent si tard, n'entraînent pas la nouvelle génération ; ils ne pourraient être compris que des morts. Or, ce public est silencieux, et l'on n'applaudit point dans la tombe. Ils sont donc condamnés à faire, autour des idées de 89, un peu de bruit qui ne va pas loin ; mais ce peu de bruit suffit à leur petit amour-propre.

Il serait bien plus sage à eux, tout le monde en conviendra, de voir du côté de la monarchie tout ce qui nous est venu de la monarchie : une gloire immense, des malheurs presqu'aussi grands que cette gloire, le bien rendu pour le mal ; car voilà ce que nous offre l'histoire de notre Famille royale.

Les Conservateurs se réjouissent parce que rien n'éclate encore. Les aveugles ! Ils croient que tout va bien, quand tout va de mal en pis ! Et moi je leur dis : Attendez, les générations vont vite. Souvenez-vous que si jamais les autels étaient brisés de nouveau, les membres des Centres de l'Assemblée nationale seraient les véritables auteurs de la catastrophe. Vous ne voulez pas de la monarchie des Bourbons ; vous n'avez pas donné vos raisons, parce que vous ne vous êtes pas donné la peine de les chercher. Réfléchissez un peu et vous avouerez que vous n'en avez aucune. — Pourquoi la République, enfantée, par votre fameux quatre-vingt-neuf, ne s'est-elle pas constituée ? C'est qu'elle a trahi le principe de la révolution générale : la liberté. — Pourquoi l'Empire a-t-il été détruit ? C'est qu'il n'a pas voulu lui-même cette liberté. — Pourquoi la monarchie légitime s'est-elle rétablie ? C'est qu'elle s'est portée avec tous ses autres droits pour héritière de cette liberté.

Croyez-moi, Messieurs des Centres, les choses humaines ne sont pas stationnaires : les années, les jours, les heures, amènent les événements. Le temps moissonne plus d'hommes dans une minute que le faucheur n'abat d'herbe dans la même minute. Le terme de la septennalité n'est pas bien éloigné. — Que fera-t-on ? Des élections ?

— Qui sera élu ? — Et après les élections ?... Répondez, si vous le prévoyez. Si vous ne le prévoyez pas, vous êtes aveugles.

M. de Salvandy disait un jour : « Les générations de l'ancien régime, élevées on sait par qui et comment, ont égorgé les nobles et les prêtres, tué Louis XVI, tué Marie-Antoinette, tué Madame Elisabeth, tué... Ce siècle a été une longue orgie commencée dans la débauche et finie dans le sang. Les générations nouvelles, nées sur les marches des échafauds, grandies à la lueur des incendies et des batailles, ont relevé les autels, rétabli le trône, rappelé à ce trône vénéré le vieux sang des comtes de Paris, reconstitué l'ordre social, reconnu le légitime empire des talents et des vertus. »

Je prie MM. les Centres de l'Assemblée d'avoir la sagesse et la force de respecter l'œuvre de ces générations ; elles ne sont pas éteintes, et nous en sommes les enfants.

Quand cette légitimité revint de l'exil nue et dépouillée, elle réclama la puissance en offrant la liberté. L'échange fut accepté avec transport. De mâle en mâle, par une succession non interrompue, on arrivait de Robert-le-Fort à Louis XVIII ; les fils de ceux qui fondèrent la Monarchie, et qui gardèrent le passé pendant mille ans, demandaient à garder l'avenir. Ce miracle d'antiquité était une grandeur qu'on ne pouvait méconnaître ; les Français se soumirent à l'autorité de leur roi, comme à l'autorité de leur histoire.

Notre histoire a-t-elle perdu son autorité ? Une durée de soixante ans a-t-elle prescrit contre dix siècles ? La France ne connaît-elle plus ou dédaigne-t-elle son histoire ?

Il ne me reste plus qu'une chose à dire à MM. les membres des Centres de l'Assemblée nationale :

Je suis arrivé à mes 70 ans, mes cheveux ont blanchi dans l'étude de l'histoire. Combien parmi eux me talonnent et vont m'atteindre? Combien ont atteint en même temps que moi cette limite de la vie? Ne serait-il pas temps de nous arrêter sur le passé, afin de penser à l'avenir qui se prépare pour nos enfants? Nous avons souffert ensemble de nos discordes. Egalement fatigués, nous nous résignons à achever en paix nos vieux jours; mais nos enfants, ces enfants qui n'auront pas comme nous besoin de repos, n'entreront point dans ce compromis de lassitude; ils marcheront et revendiqueront, l'histoire à la main, le prix du sang et des larmes de leurs pères. On ne fera point reculer les générations qui s'avancent en leur jettant à la tête les horribles taches et les cris inhumains de la Convention. Les insensés qui prétendent mener le passé de 93 au combat contre un royal avenir seront les victimes de leur folle témérité. Les siècles, en s'abordant, les écraseront au jour qui sera marqué par le doigt de Dieu.

Messieurs, vous avez pu, un jour, donner la paix à la France; vous avez négligé le moyen de la lui donner, mais vous le pouvez encore : dites avec nous, avec vos familles et vos amis : « Agneau de Dieu, qui effacez les péchés du monde, secourez-nous en ces jours critiques, et venez effacer au moins quelques-unes des plus terribles conséquences de nos fautes. Eteignez la colère, calmez les haines, arrêtez les menaces, faites succéder aux bruits de guerre le silence fécond du travail. Agneau de Dieu, donnez-nous votre paix. »

« Vous qui êtes la paix même, ne serait-il pas temps, dix-neuf siècles après votre venue, qu'au milieu des peuples chrétiens la paix, la glorieuse paix dans la justice, pût commencer son règne, et que la prière de l'Eglise, qui ne cesse de vous demander la paix entre les hommes, fût exaucée enfin!

« Lorsqu'il sera venu, dit Isaïe, les peuples transformeront leurs épées en charrue, et changeront leurs lances en faulx pour moissonner. Les nations ne s'exerceront plus à la guerre et ne lèveront plus la main l'une contre l'autre. »

« Quand verra-t-on donc l'Evangile descendre dans la vie réelle des nations ? Quand verra-t-on la vie des peuples se multiplier par l'union au lieu de se neutraliser par la lutte ? » (1)

Soyons bien convaincus que les souverains Pontifes, tant calomniés et si cruellement persécutés, n'ont jamais cessé de vouloir le repos et la gloire de la France. Quand, à Rome, Karle-le-Grand fut proclamé Empereur, le Pape cria : « Vive la France ! » Oh ! oui, vive la France, puisque malgré ses malheurs, elle est le soutien du catholicisme ; vive la France ! puisque, malgré la violence de ses ennemis, elle tient dans sa main la paix et la lumière du monde.

Que nous veulent donc ces hommes que vous entendez murmurer contre nous, Messieurs qui voudriez protéger Rome contre ses spoliateurs d'autrefois et contre ceux de l'avenir ? Quand on crie quelque part : Vive la France ! leur cœur se trouble et leur esprit s'irrite. Serait-ce qu'ils ne sont pas de ce noble pays dont la religion de vos pères fit la grandeur ? Ne seraient-ils d'aucun pays, eux, les enfants d'une doctrine venue on ne sait d'où et de qui, depuis son apparition dans le monde, nous pousse d'une main froide et ensanglanté vers l'opprobe et la désolation ? Non ! ils ne sont ni les fils des Croisés, ni ceux de Charlemagne ; qu'ils vous laissent donc aller là où vous appelle la France !

Nous n'avons jamais entendu ces hommes nouveaux, soi-disant amis du progrès et de la gloire nationale, vanter le courage et la discipline des héros du vieux temps et des héros modernes ; apercevez-vous sur leur figure un rayon de cette joie si douce qu'une victoire française répand dans le cœur des Français ? Le vieux drapeau, couvert d'abeilles, passe devant eux, ils ne le connaissent pas ; l'oriflamme passe, ils ne la connaissent pas ; l'éten-

(1) P. Gratry.

dard de saint Louis, celui de Jeanne d'Arc, celui d'Henri IV, celui de Louis-le-Grand passent à leur tour, il ne les connaissent que pour les insulter. Ils ne connaissent point de drapeaux, sinon le sinistre drapeau rouge ! Les malheureux ! ils ont un bandeau sur les yeux et ne voient pas que l'histoire a décidé qu'ils ne sont plus citoyens de la France, mais citoyens de l'anarchie ! Qu'attendent-ils ? Ils attendent le passage d'un échafaud surmonté d'un ignoble triangle et d'un drapeau rouge pour s'y faire proclamer, de par le bourreau, rois de la noble terre de France ! Ils attendent que leurs poignards soient assez aiguisés pour le carnage des conservateurs, et les victimes assez prêtes pour le sacrifice ! Ils attendent que l'orage se lève de nouveaux pour activer l'incendie qu'ils préparent et en jeter les étincelles sur toutes les régions de l'Europe. Ah ! s'ils attendent, c'est qu'ils savent dans quelle région se forment les tempêtes, c'est qu'ils connaissent à des signes certains le lieu, l'heure et le jour où elles doivent éclater ! Ils les ont compté et ils ont dit : « Demain, les Centres seront faibles une fois de plus ; demain, les peuples verseront des larmes ; demain, Rome sera pour toujours veuve de son Pontife ; demain la religion rendra sous nos pieds son dernier soupir. Cette fois, la France ne se relèvera pas pour rendre la vie à ce que nous aurons détruit, car la France n'existera plus ! Rome a donc mille fois raison de s'écrier avec Pie IX : « Vive la France ! » de s'agenouiller dans sa basilique de Saint-Pierre et de prier le ciel de veiller sur la France, de la bénir et de la sauver, de l'élever assez pour que sa main, dominant les flots orgueilleux, puisse longtemps encore tenir sa vaillante épée et protéger l'héritage que Dieu s'est fait ici-bas : les peuples et les rois, Rome et la France, l'Eglise et la religion, c'est-à-dire la paix, la justice et la vérité.

Dederunt se periculo ut starent sancta et lex, et gloriâ magnâ glorificaveru gentem.

www.ingramcontent.com/pod-product-compliance
Ingram Content Group UK Ltd.
Pitfield, Milton Keynes, MK11 3LW, UK
UKHW021225230726
13926UKWH00003B/1244

9 782013 260732